Sophie's Gems appartient à la collection de..

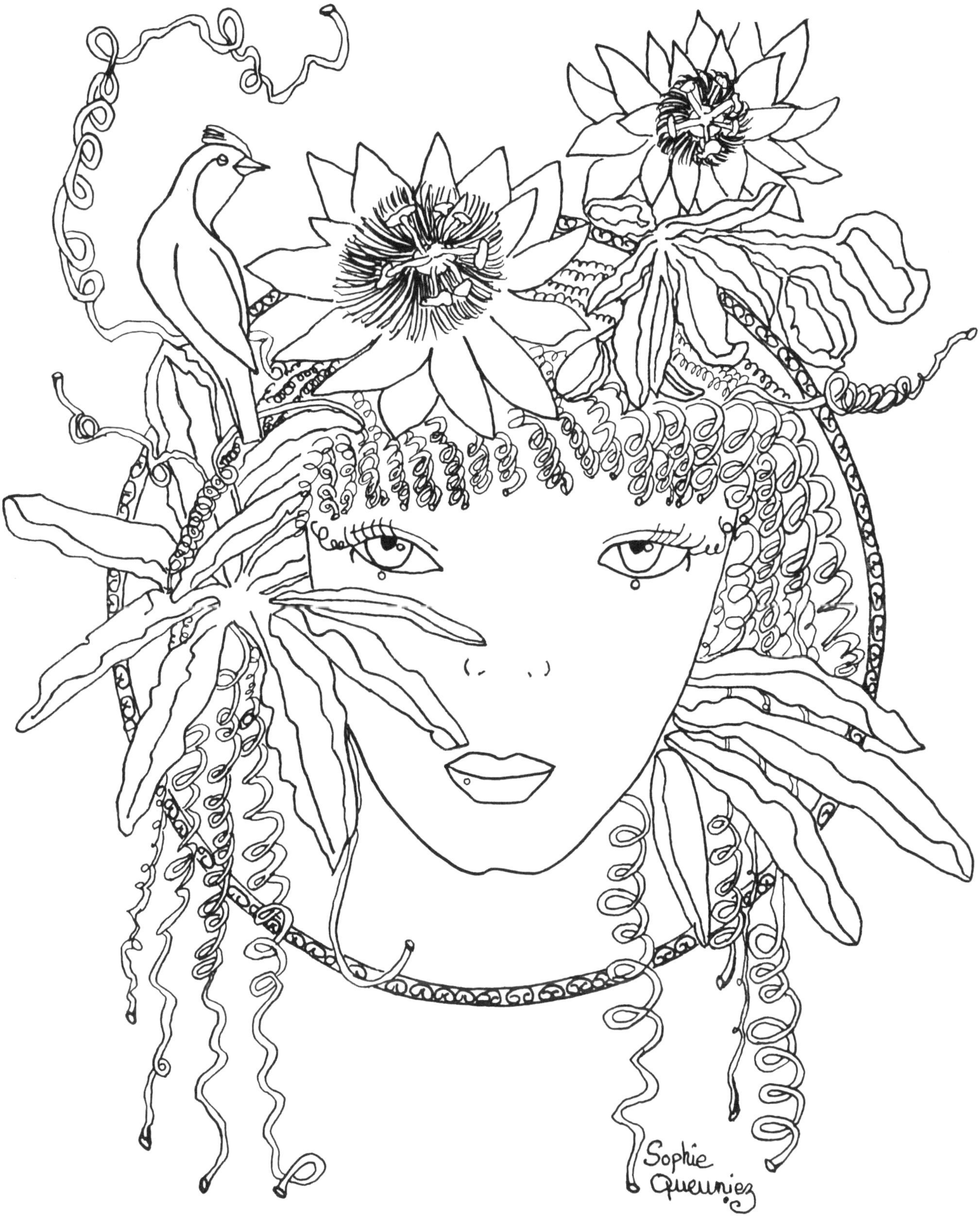

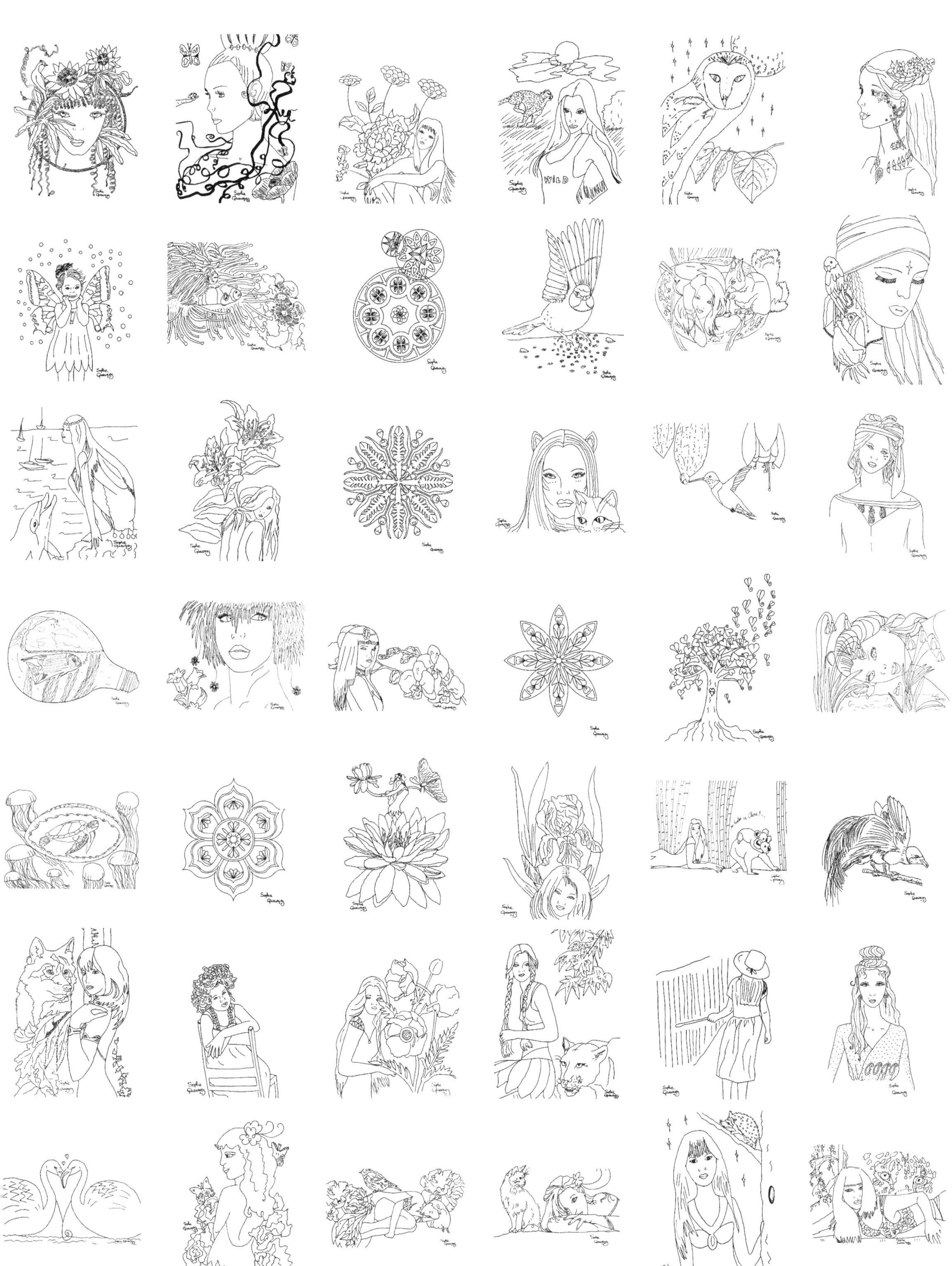

Artiste Peintre et Illustratrice, je suis très heureuse de vous présenter mon premier
Livre de Coloriages pour Adultes 'Sophie's Gems' (Seconde Edition)!
En effet, ces dessins, faits à la main avec soin, sont 'mes petits bijoux'.
Ils sont issus de mon imaginaire, peuplé d'animaux, de fleurs, de créatures marines...
et d'une héroïne 'Lady'
A travers mes dessins, je souhaite illustrer le lien symbolique entre la Nature et mon héroïne,
à la limite du fantastique...
Je tiens à remercier mon mari pour son soutien et son travail d'infographie.

Vous pouvez me retrouver et me suivre:
- Sur ma page Facebook 'Coloriages et Illustrations de Sophie Queuniez'
- Sur mon groupe Facebook 'Coloriages adultes Art Thérapie'
- Sur Instagram Sophie_Queuniez
- Sur mon blog www.coloriagesarttherapiedesophie.com
- Retrouvez aussi mes propres coloriages avec #coloriagesdesophie

J'espère que vous passerez de très bons moments de détente et de sérénité
en compagnie de mes dessins...et que vous pourrez y exprimer toute votre créativité
personnelle! Je suis ravie d'y contribuer.
Toutes les techniques sont possibles : crayons de couleur, feutres, pastels, crayons gel, aquarelle...
Créez et faites-vous plaisir!

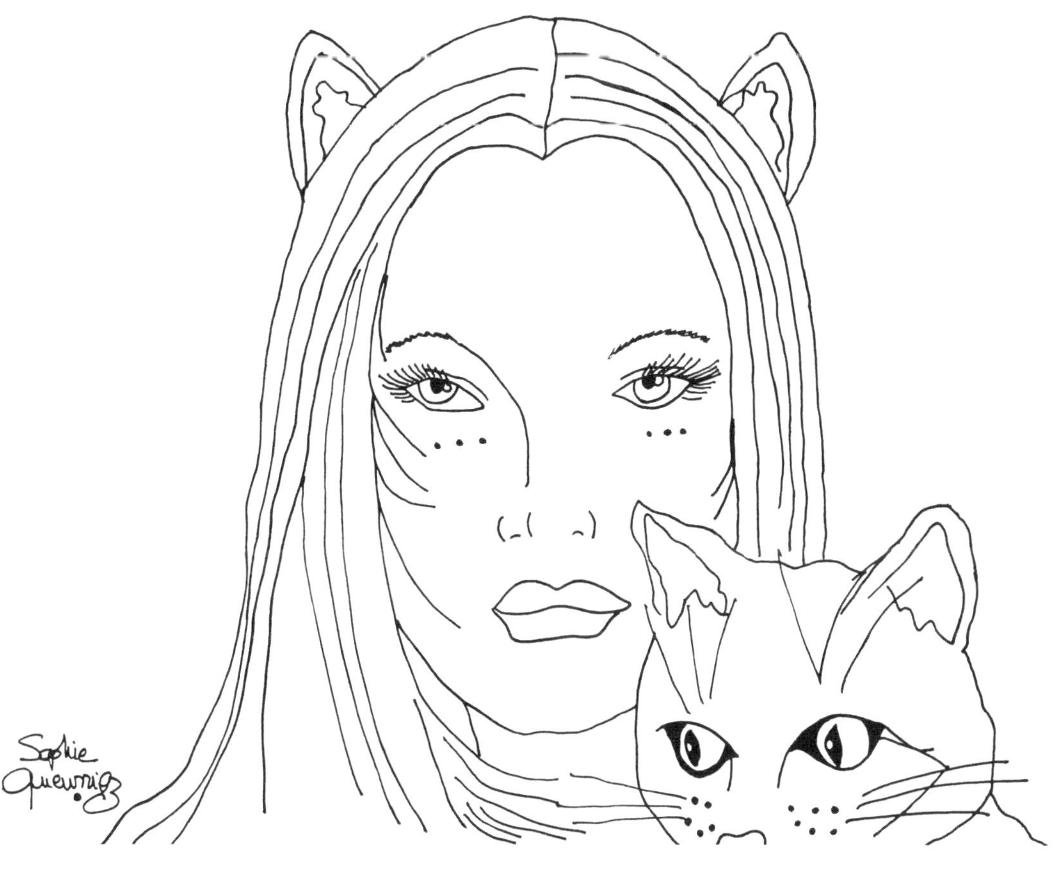

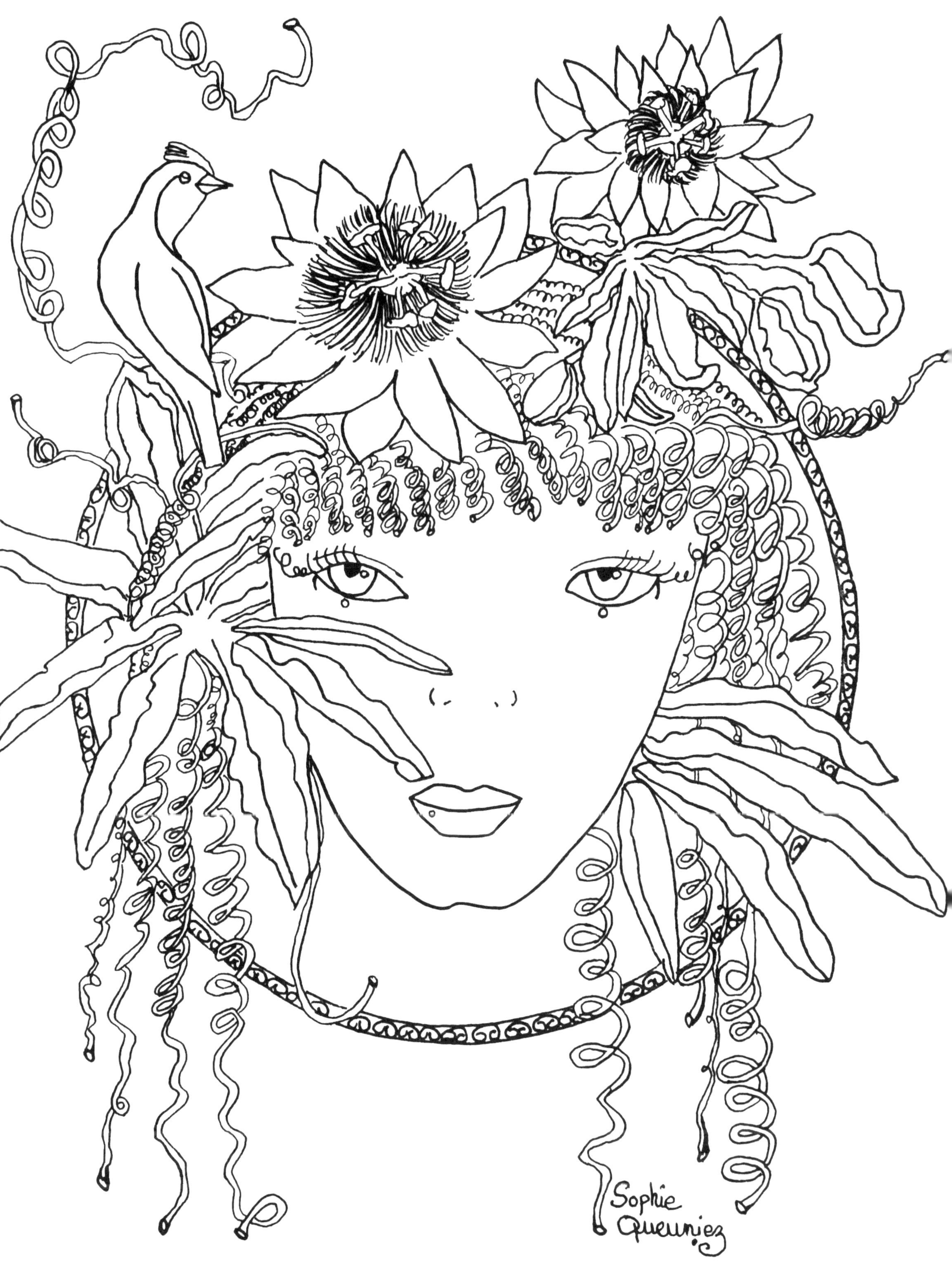
Sophie
Queuniez

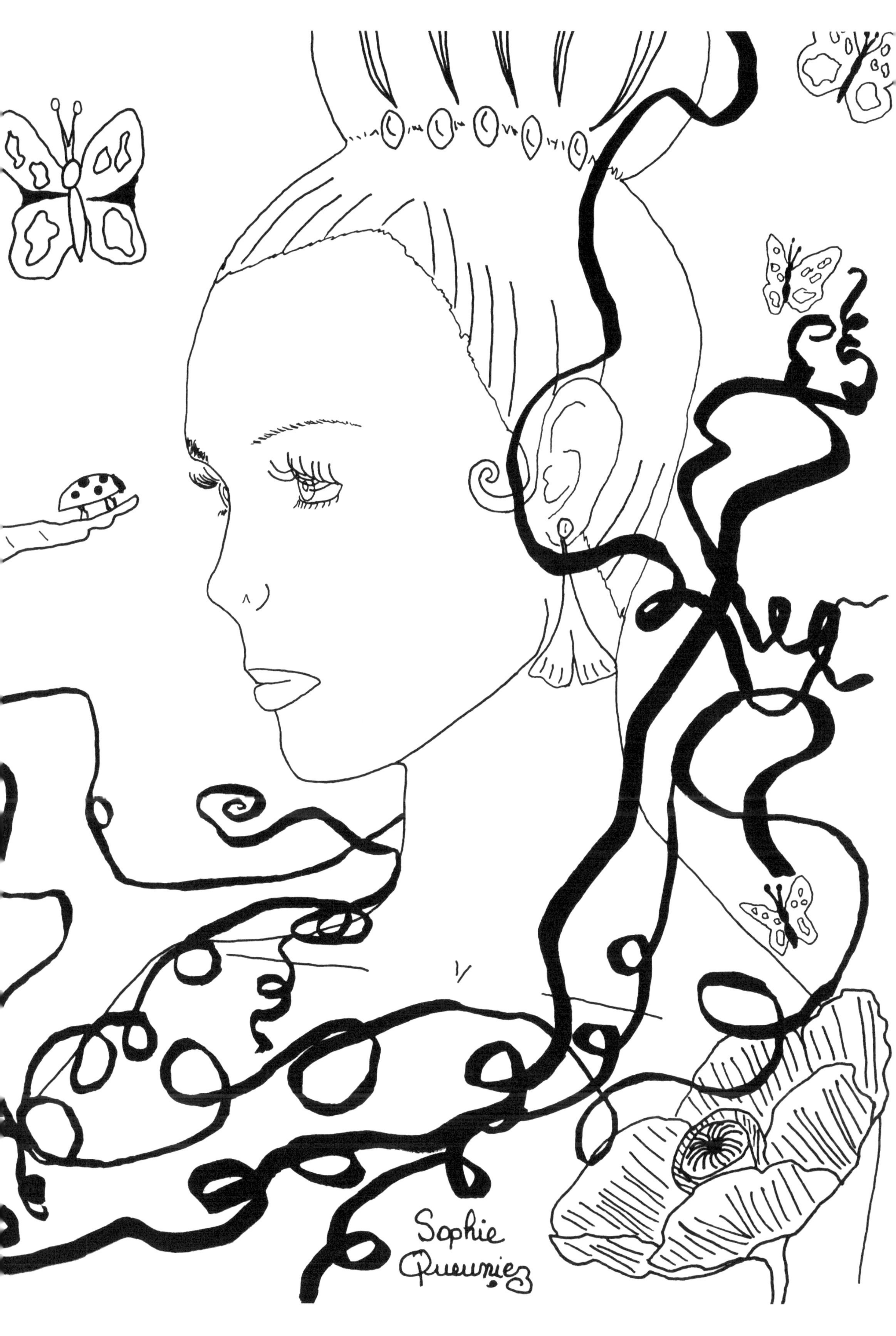

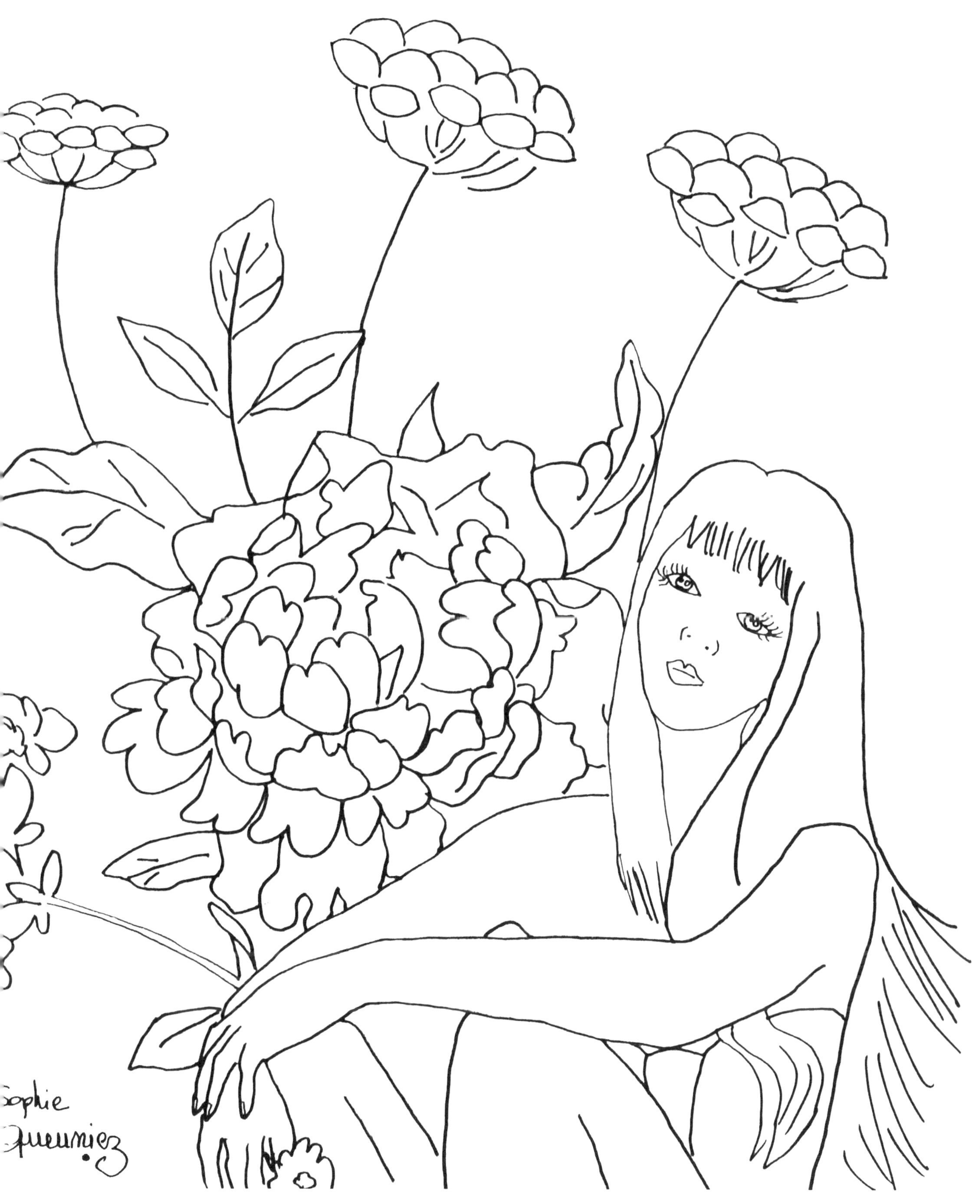

Sophie
Queuniez

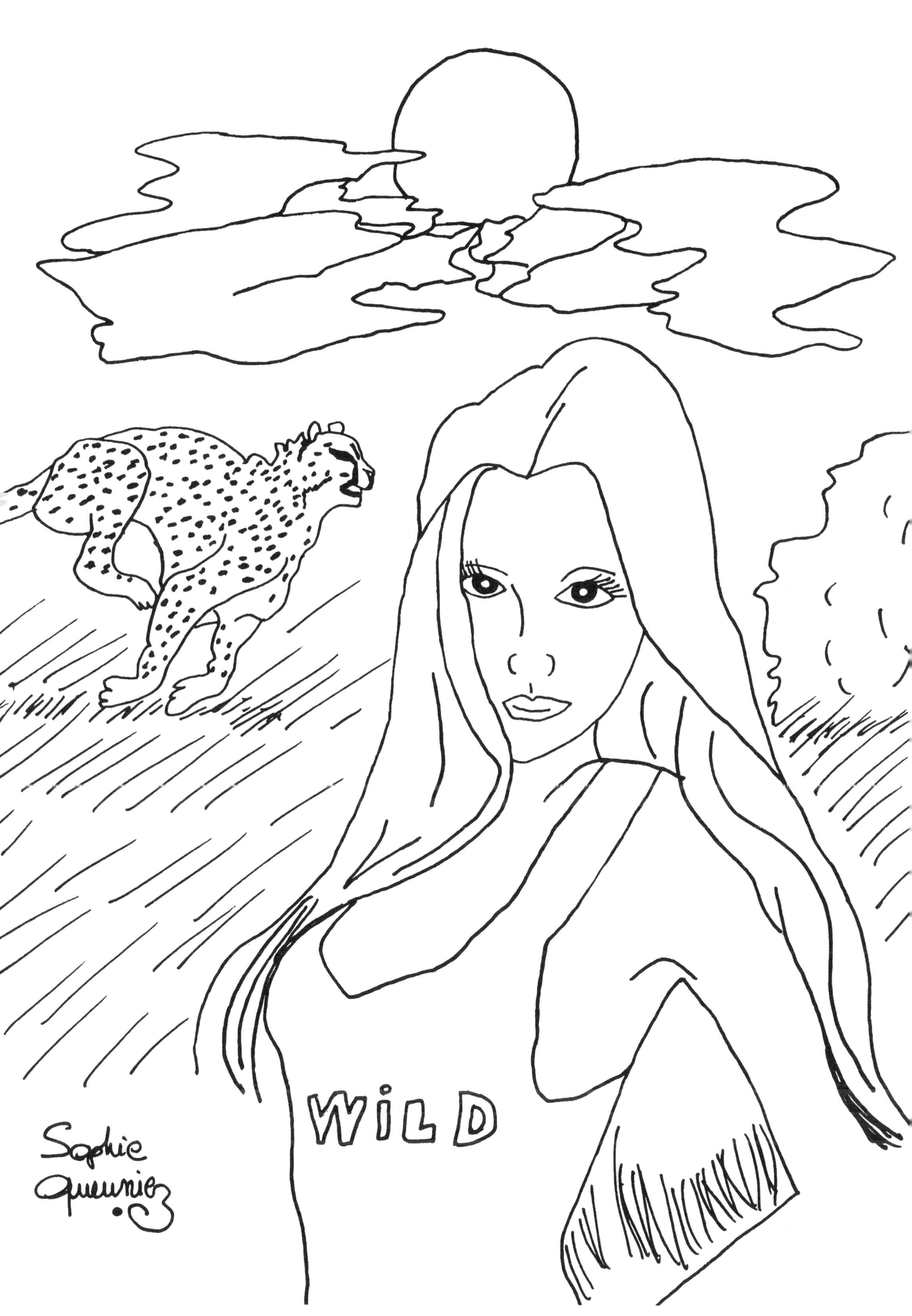

WILD
Sophie
Quennio

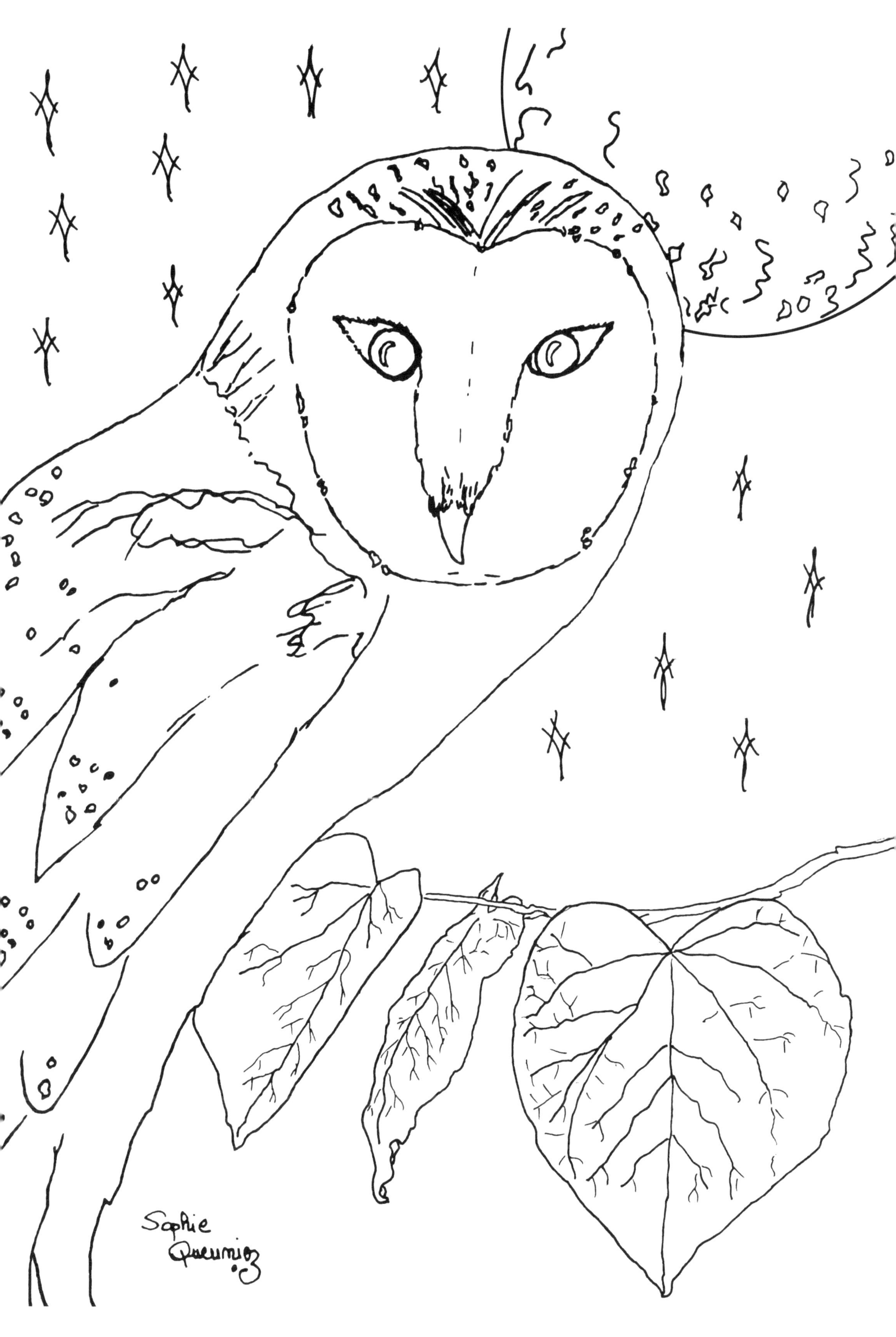

Sophie
Queunier

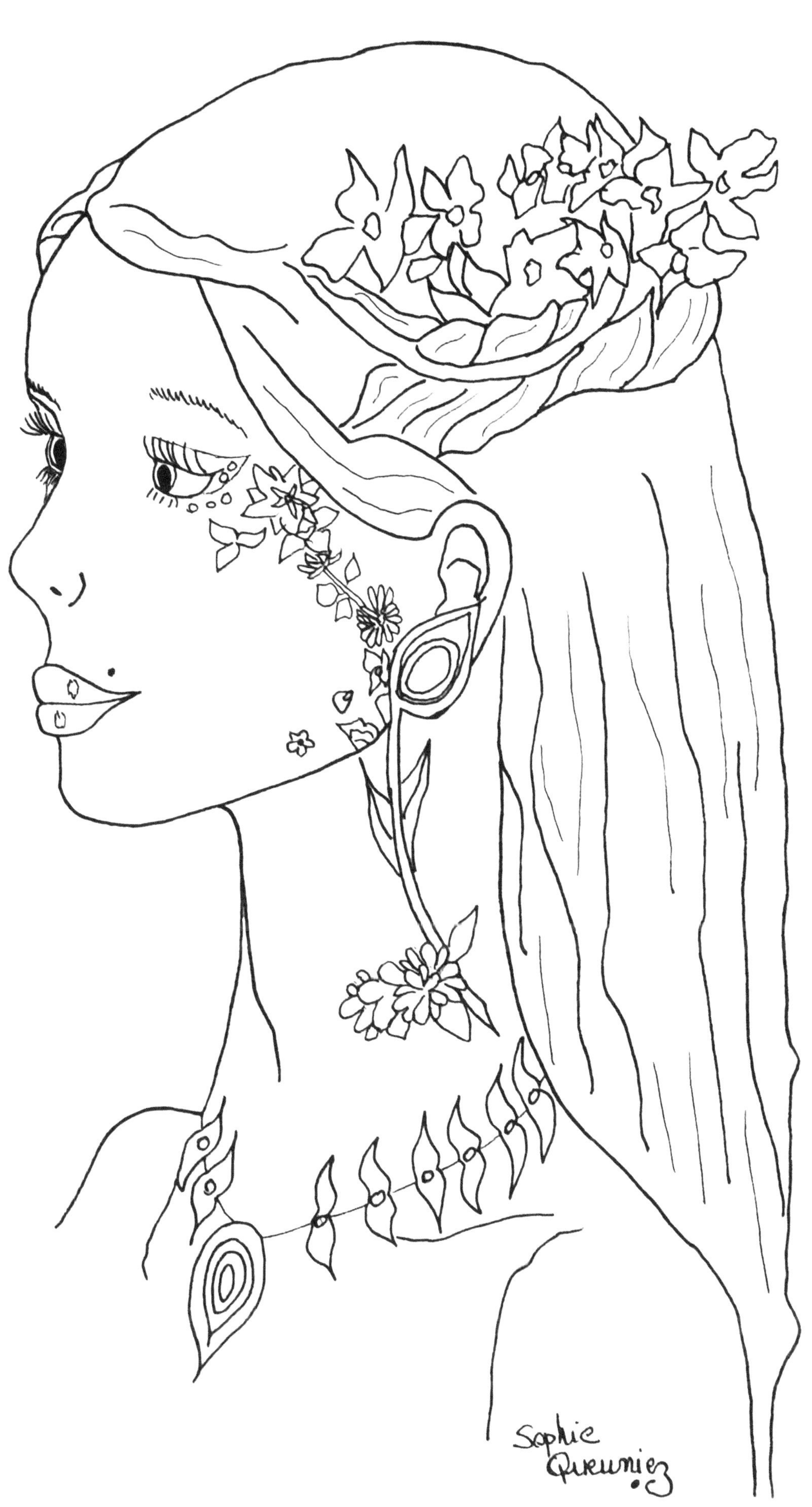

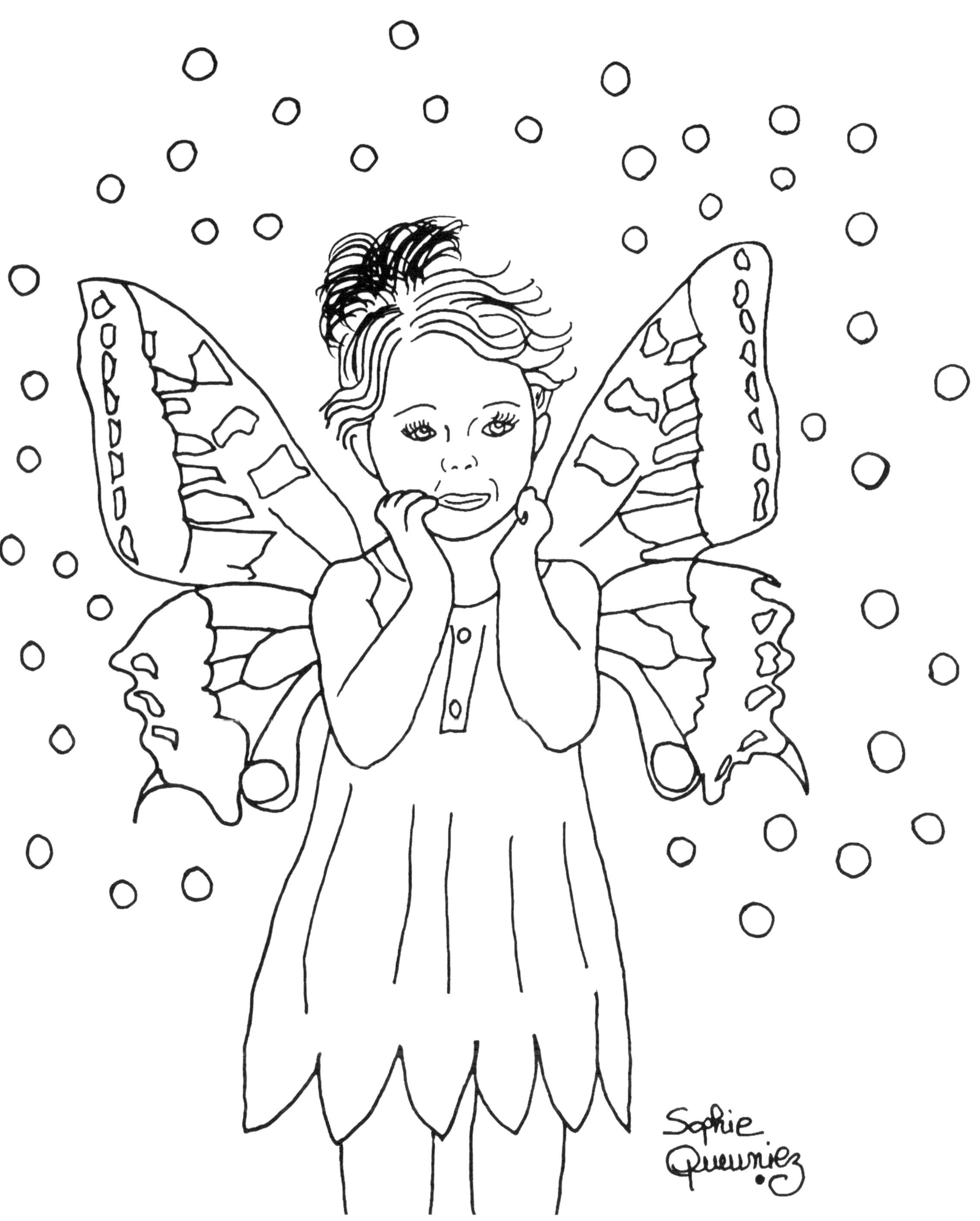

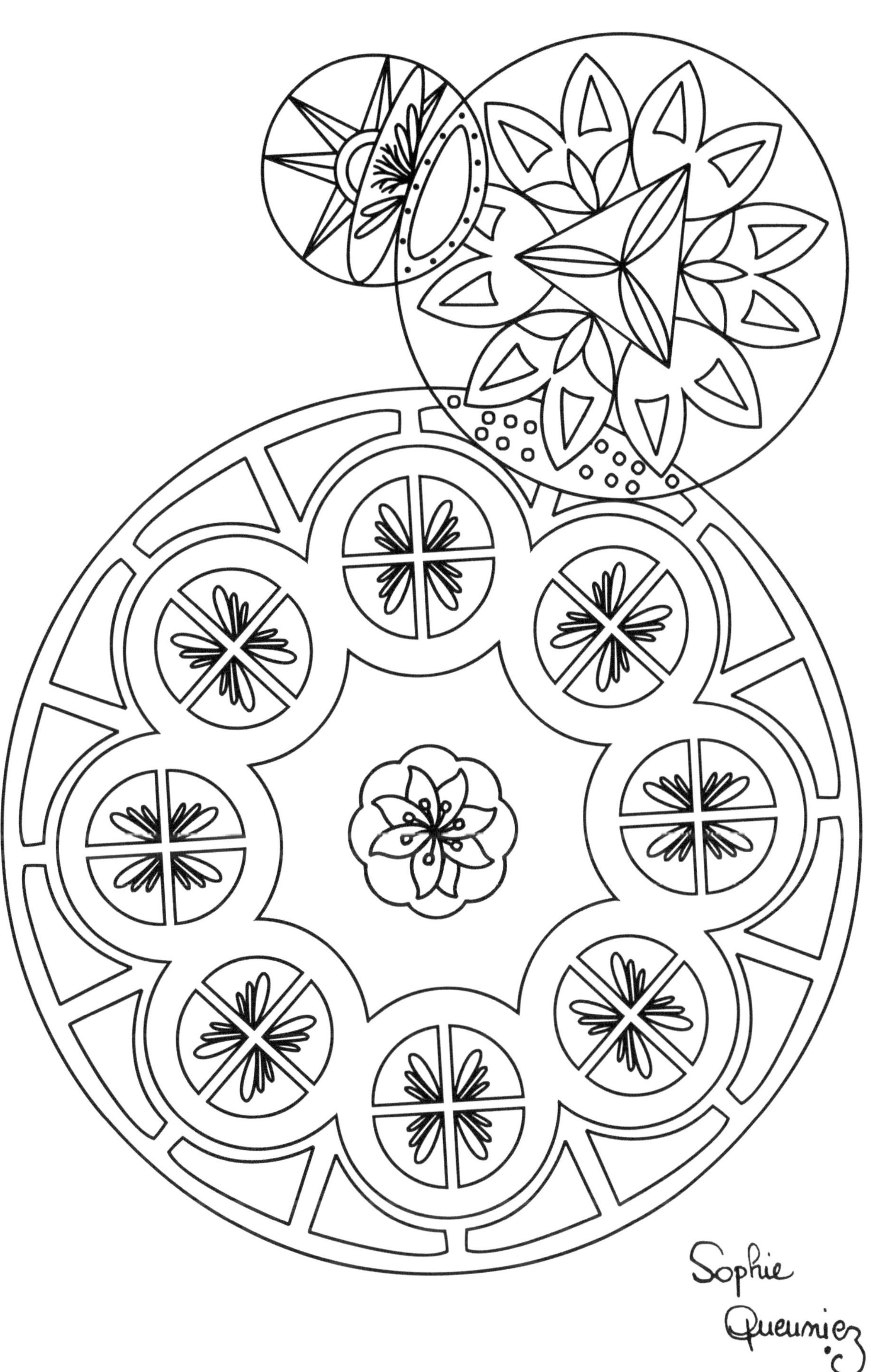

Sophie Queuniez

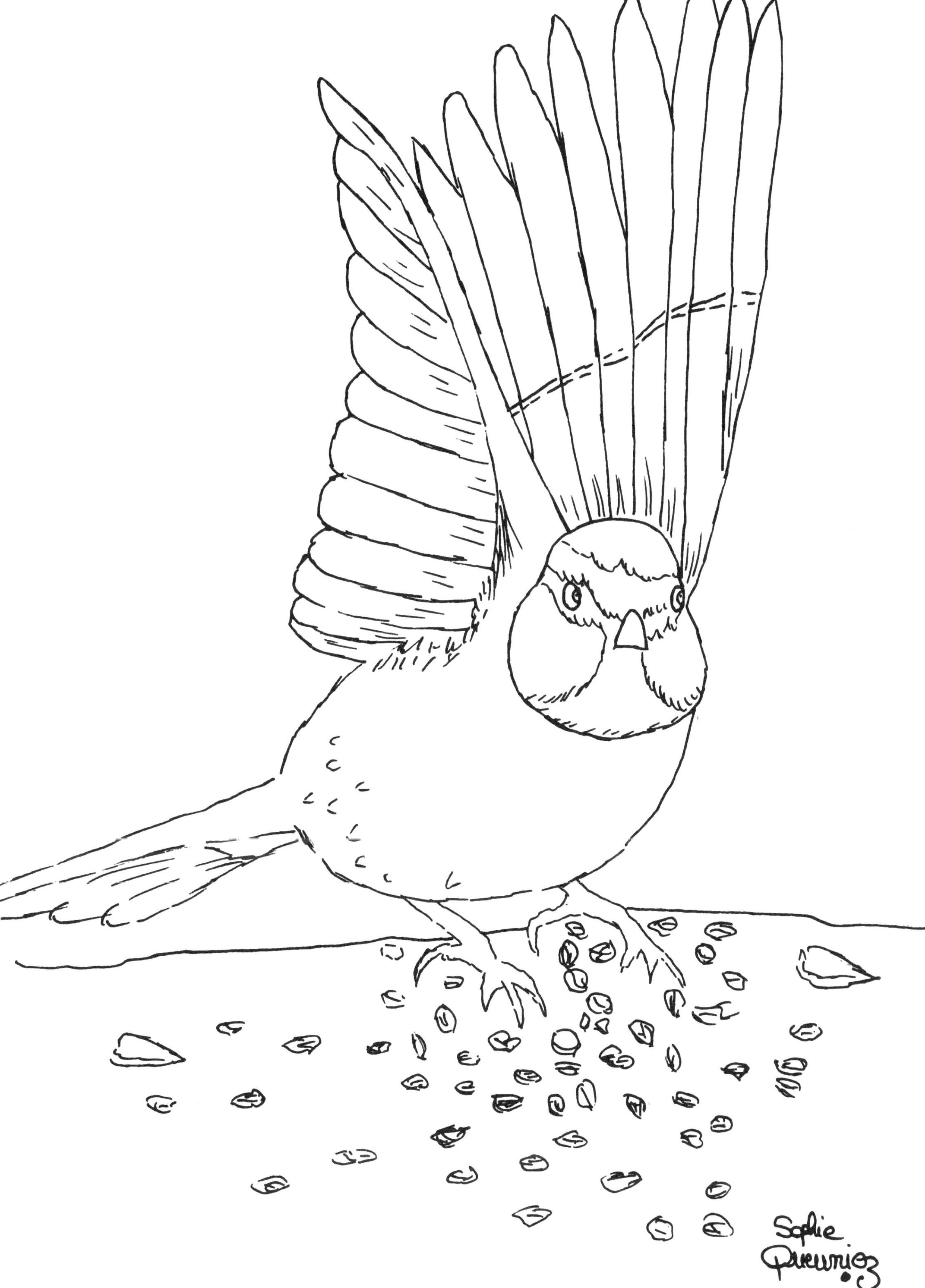

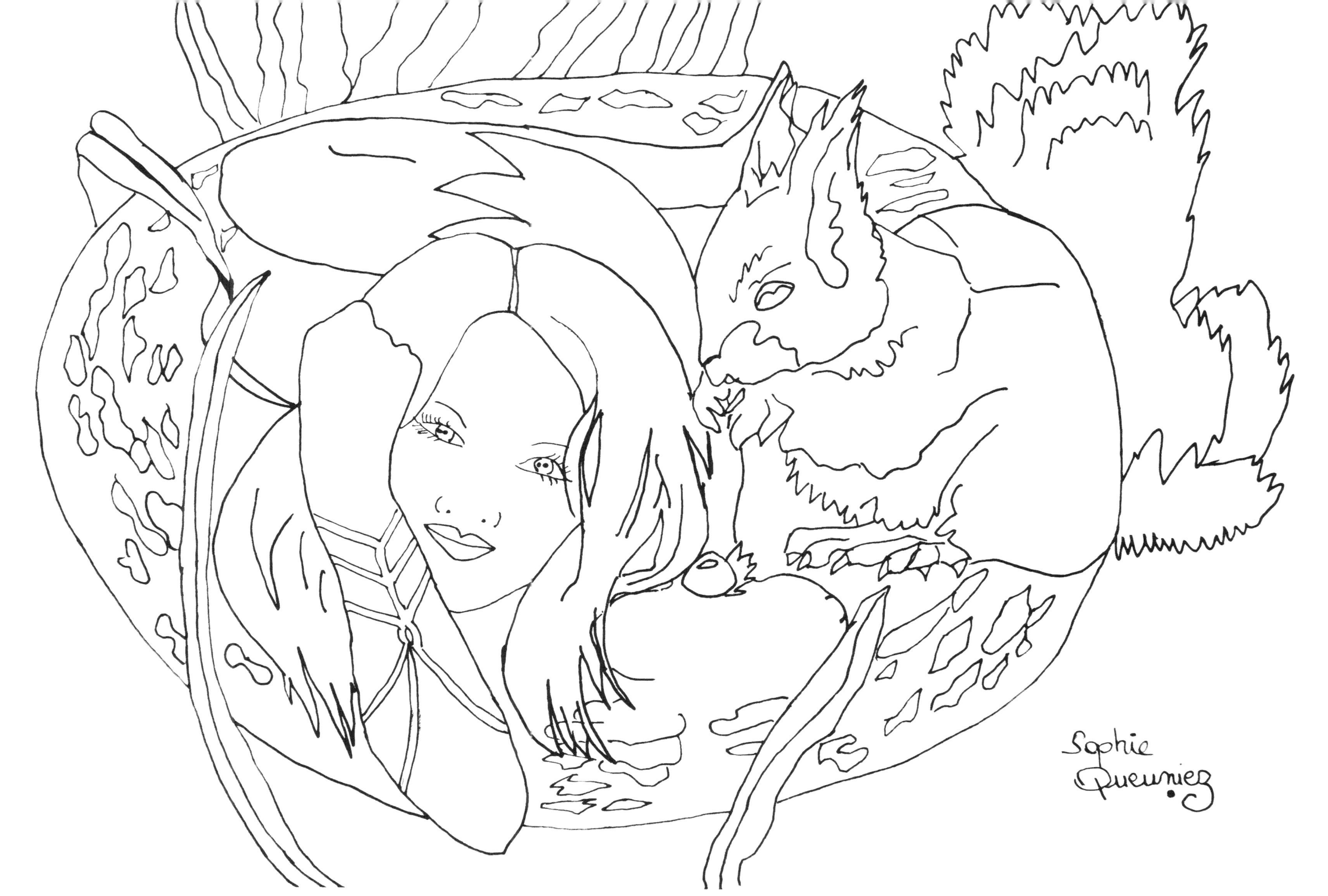

Sophie
Queuniez

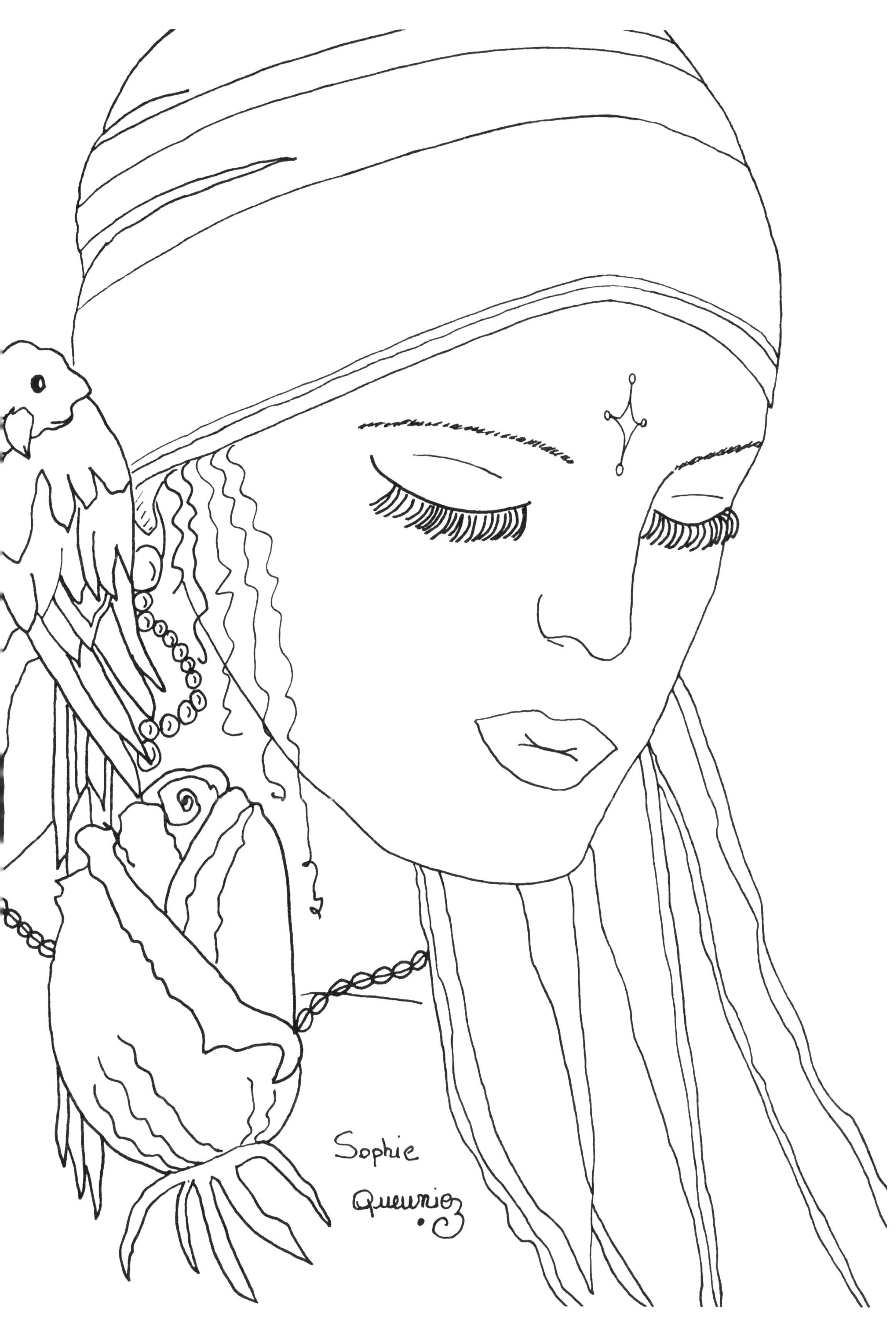
Sophie
Queunioz

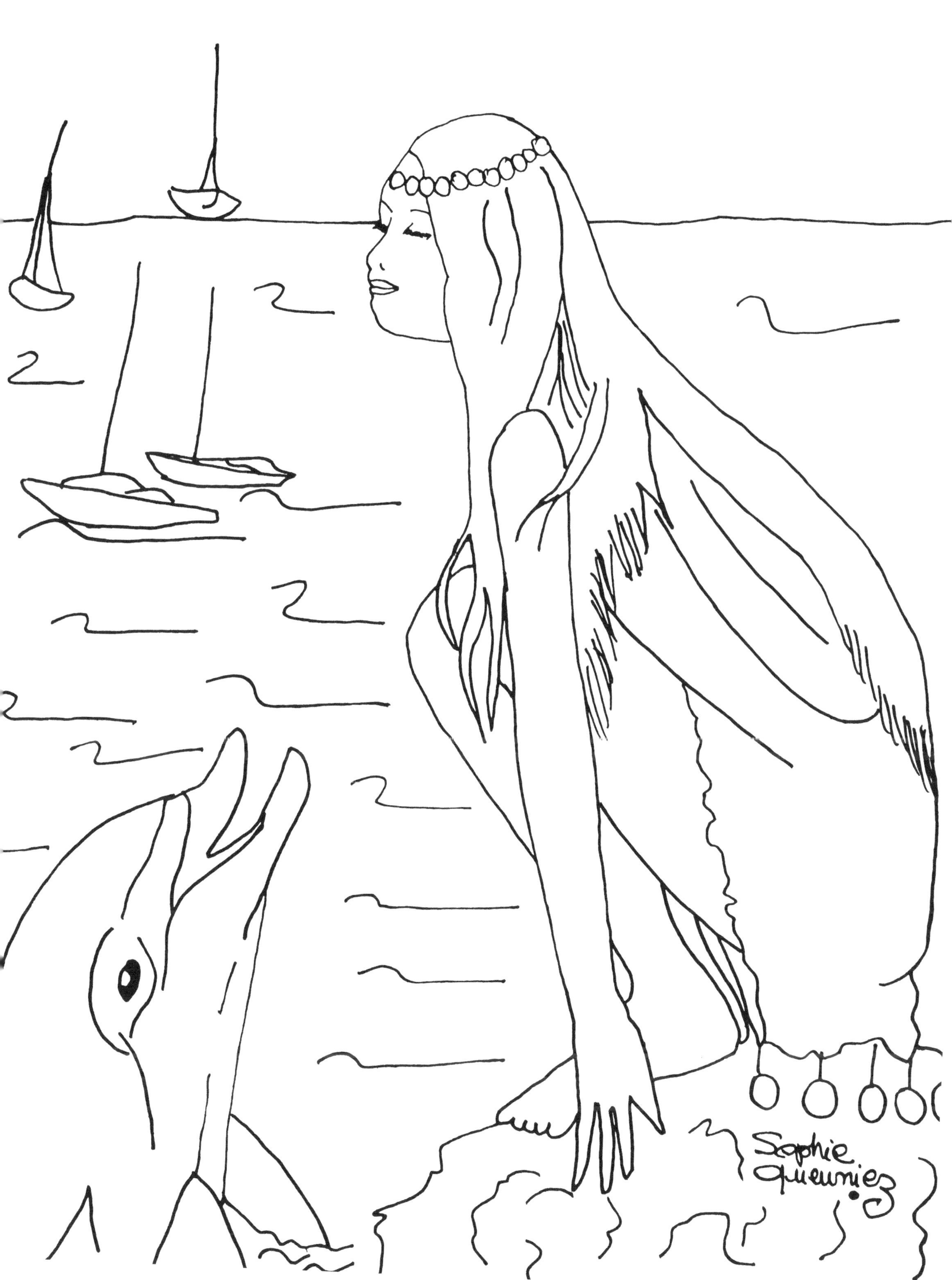

Sophie
Queunier

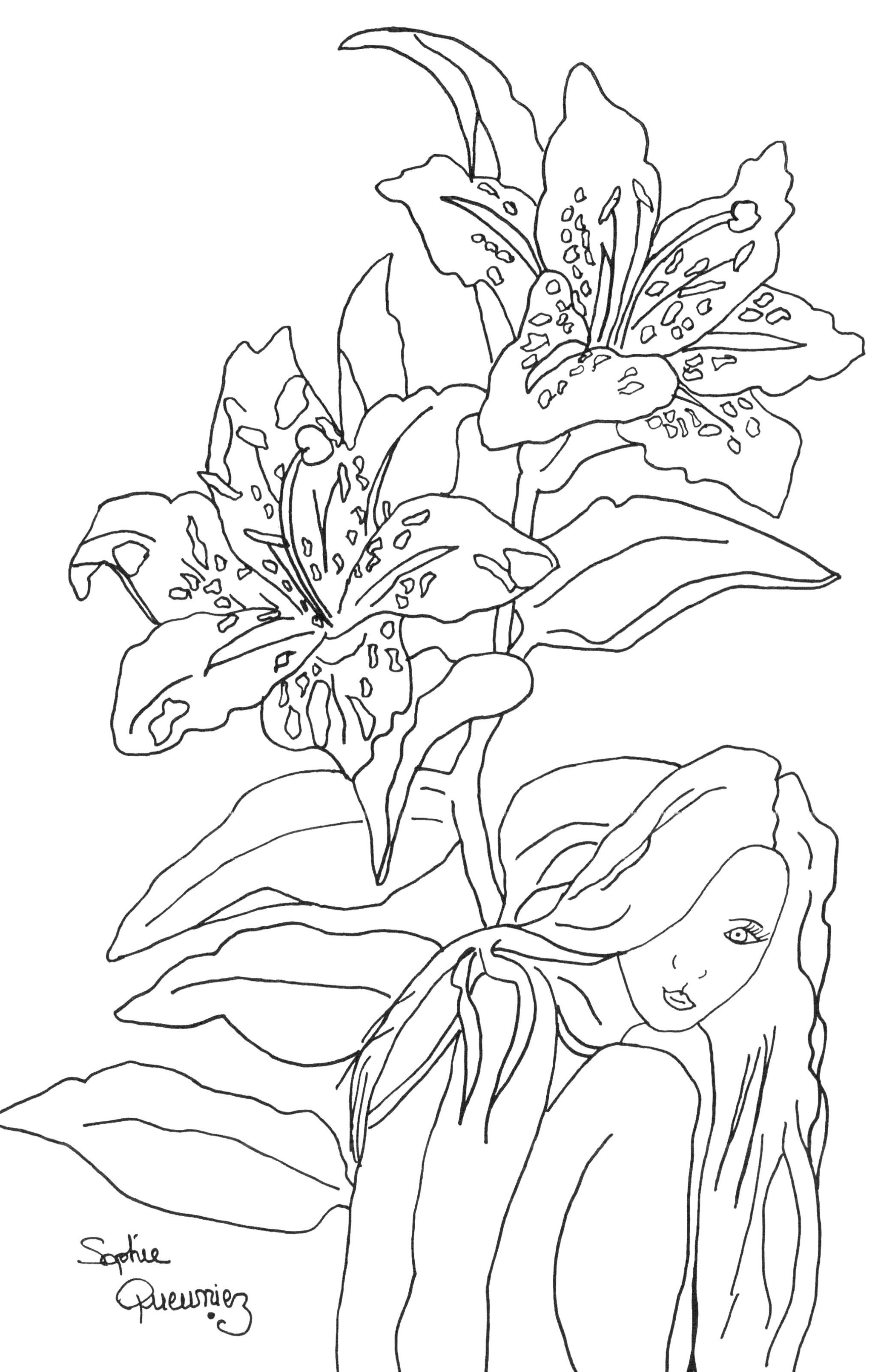

Sophie
Pieunniez

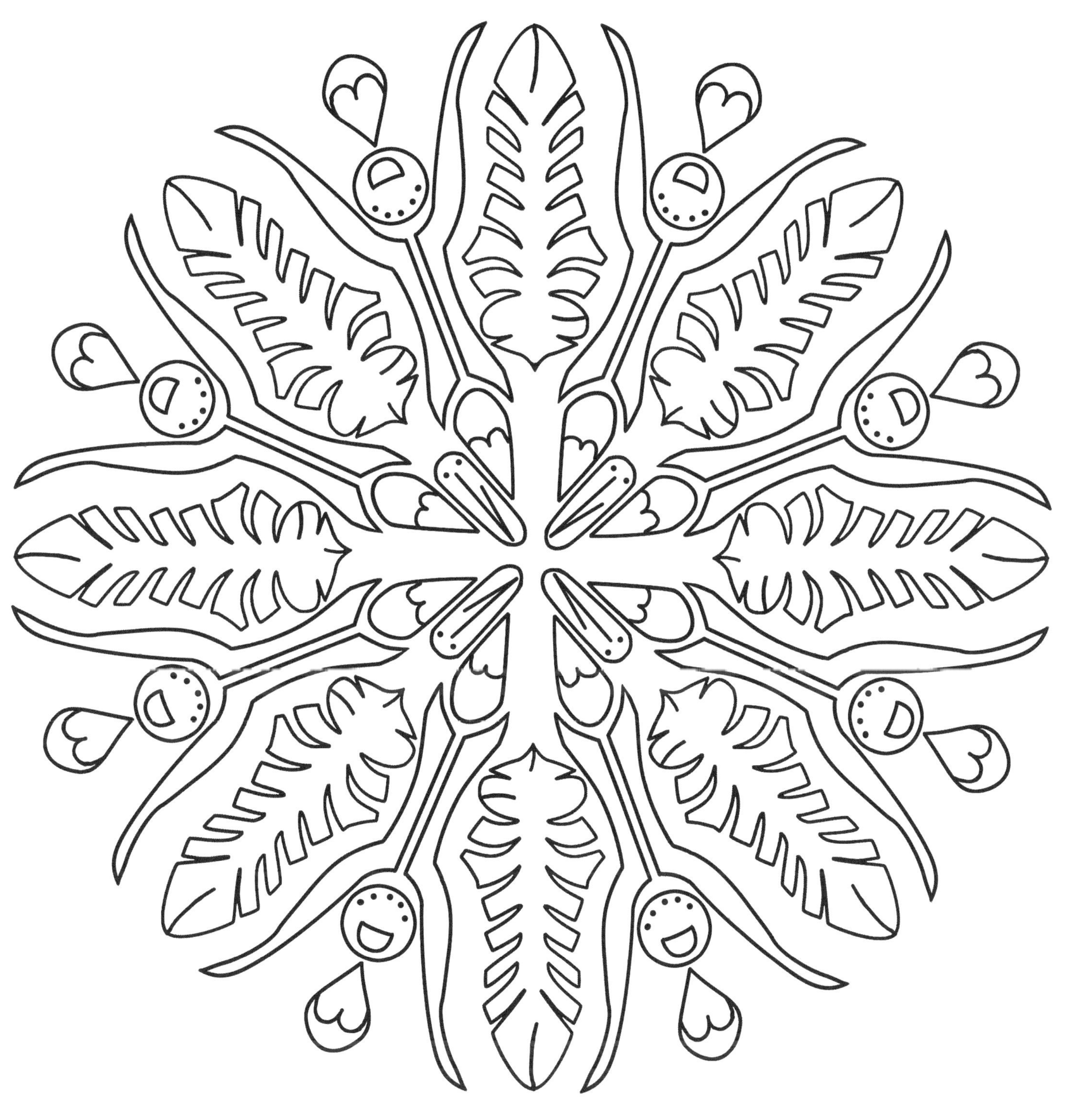

Sophie
Queuniez

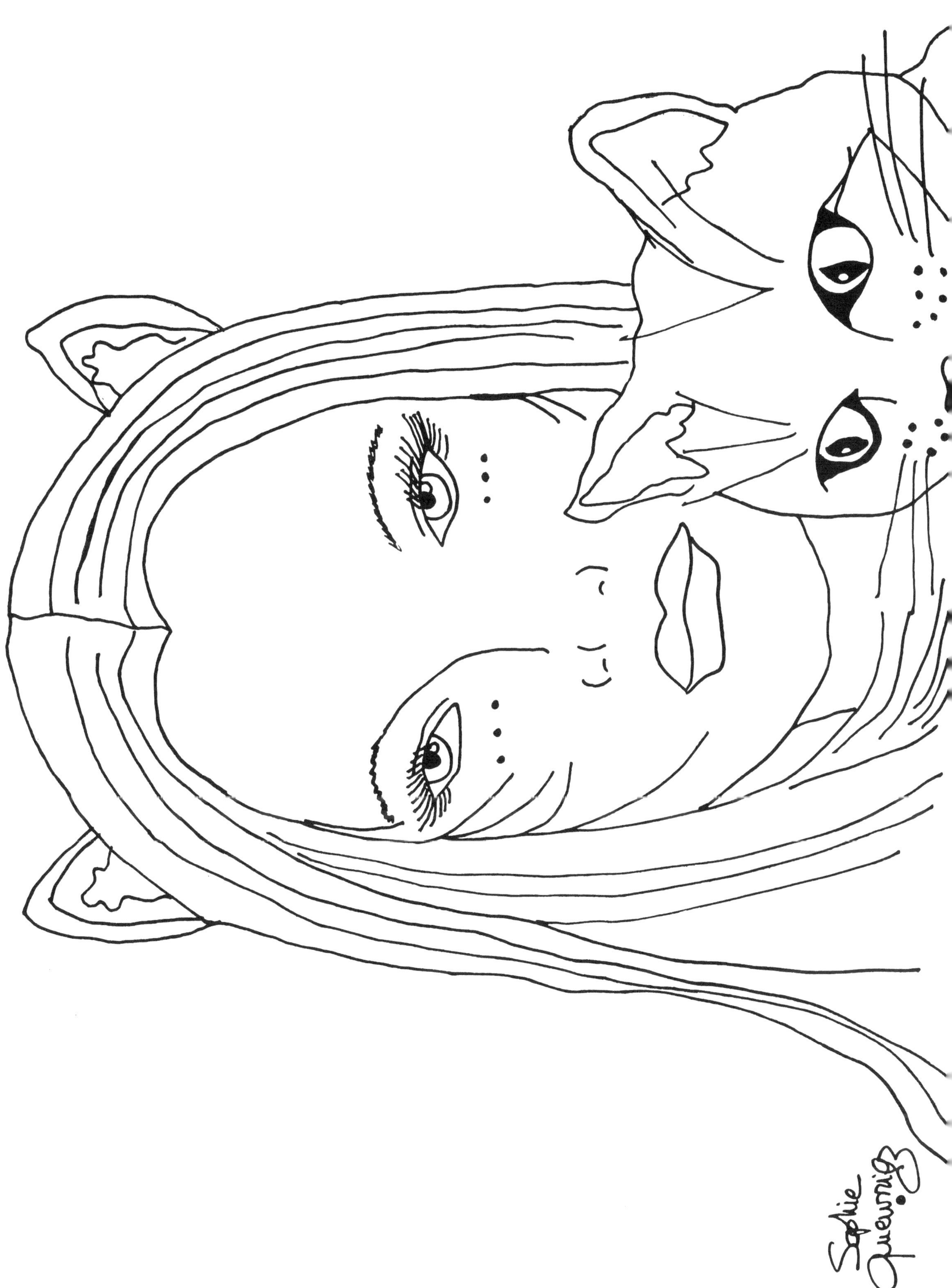

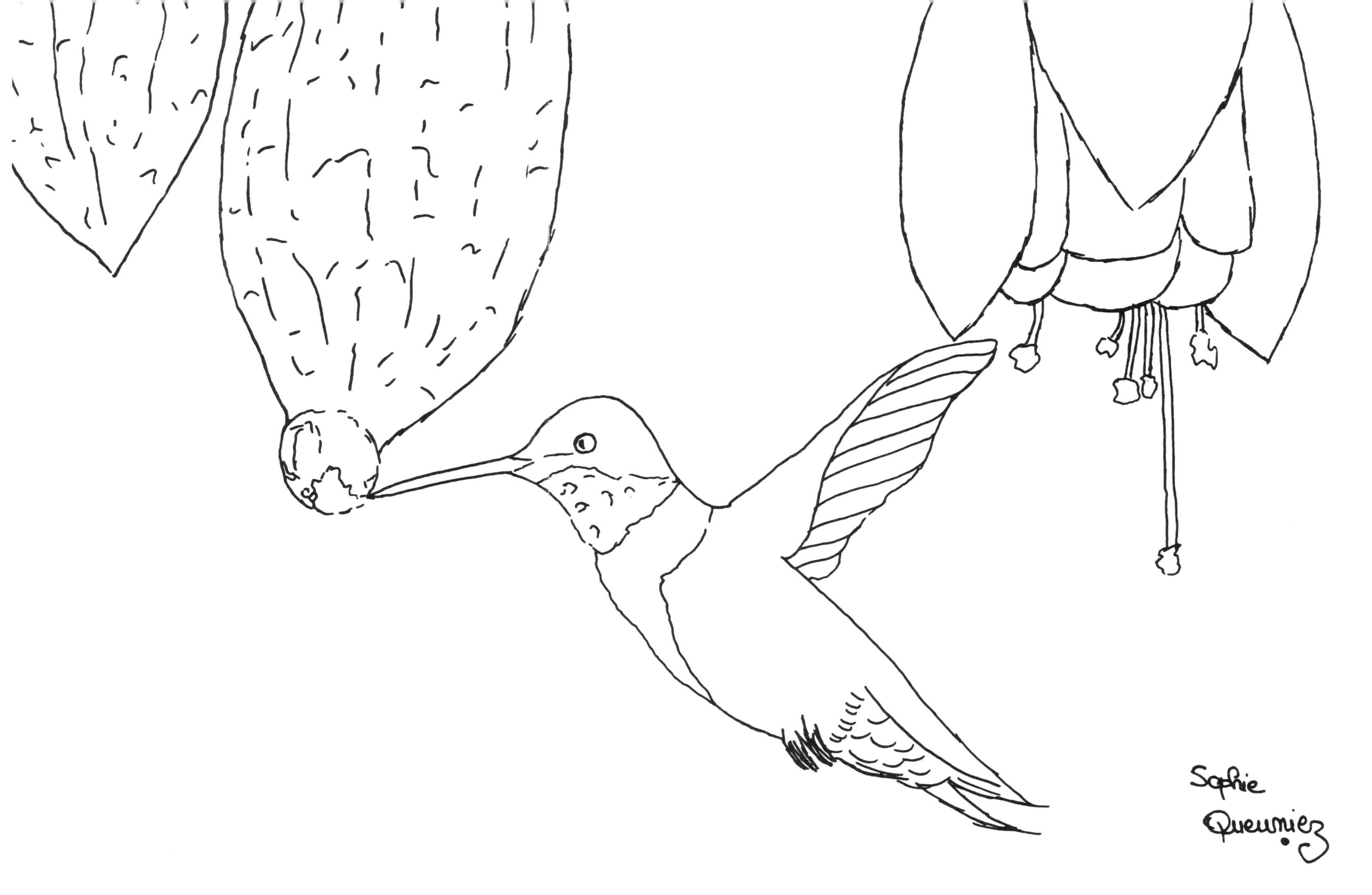
Sophie
Quemerais

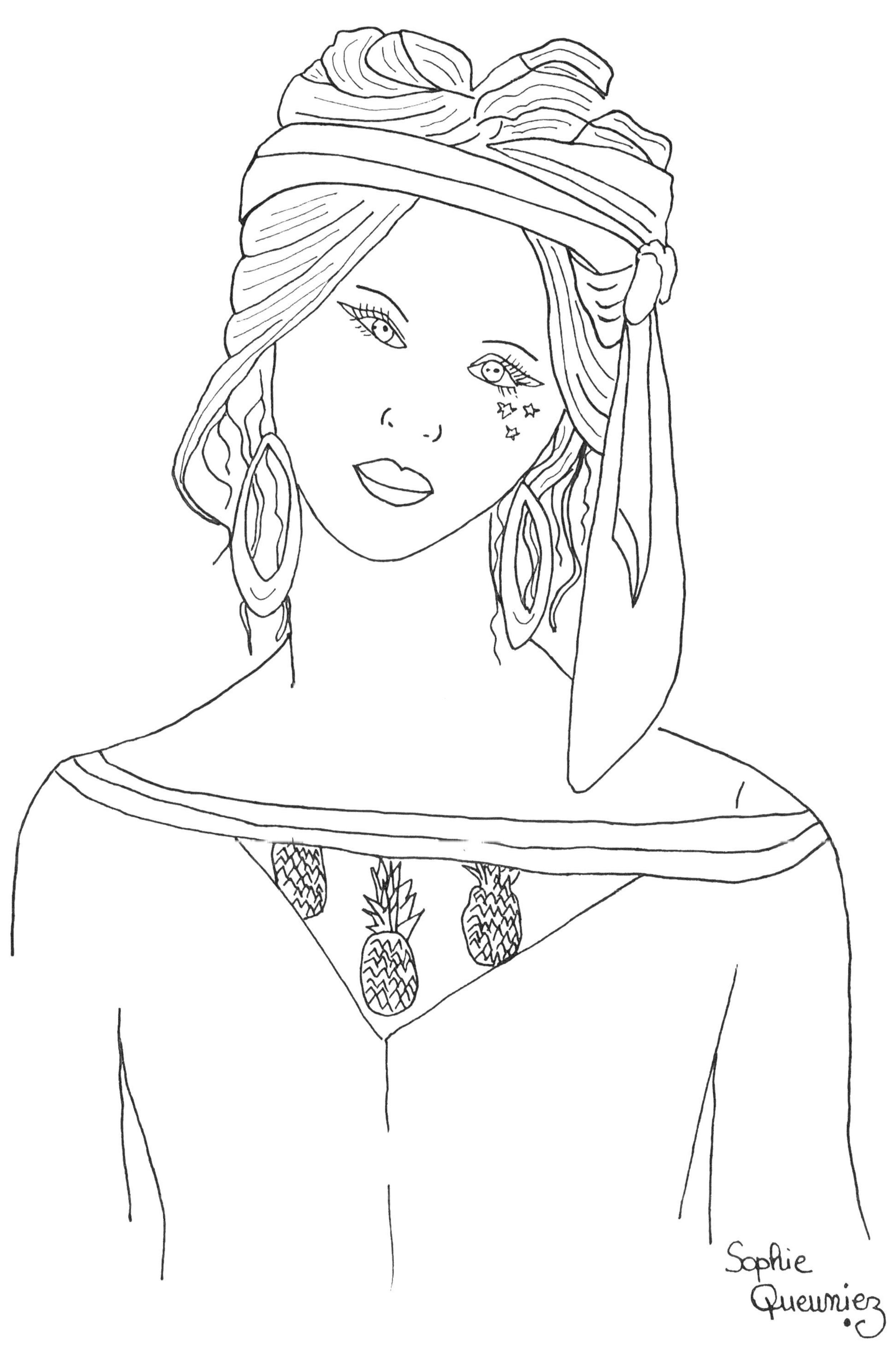

Sophie
Queuniez

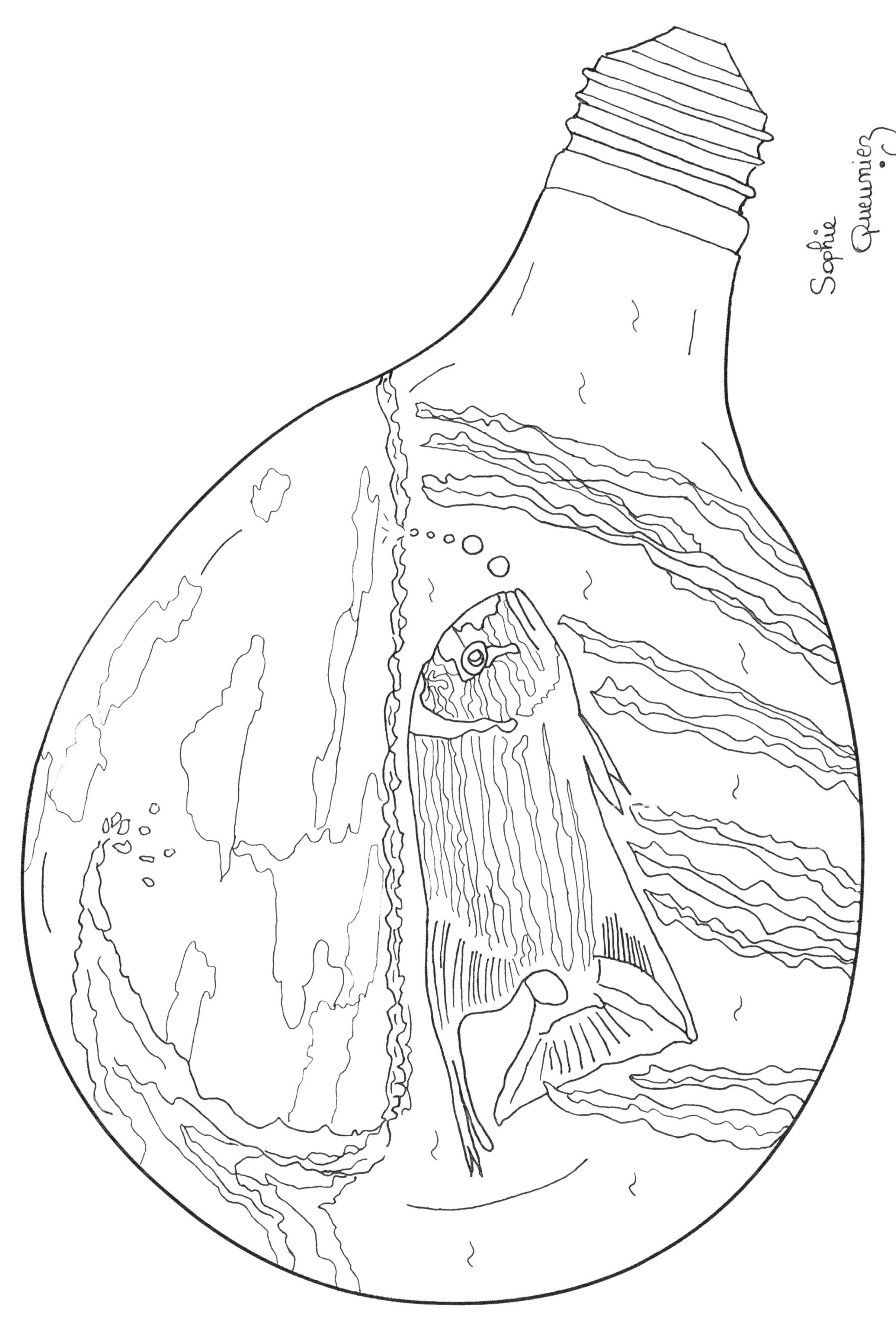

Sophie Queunier.

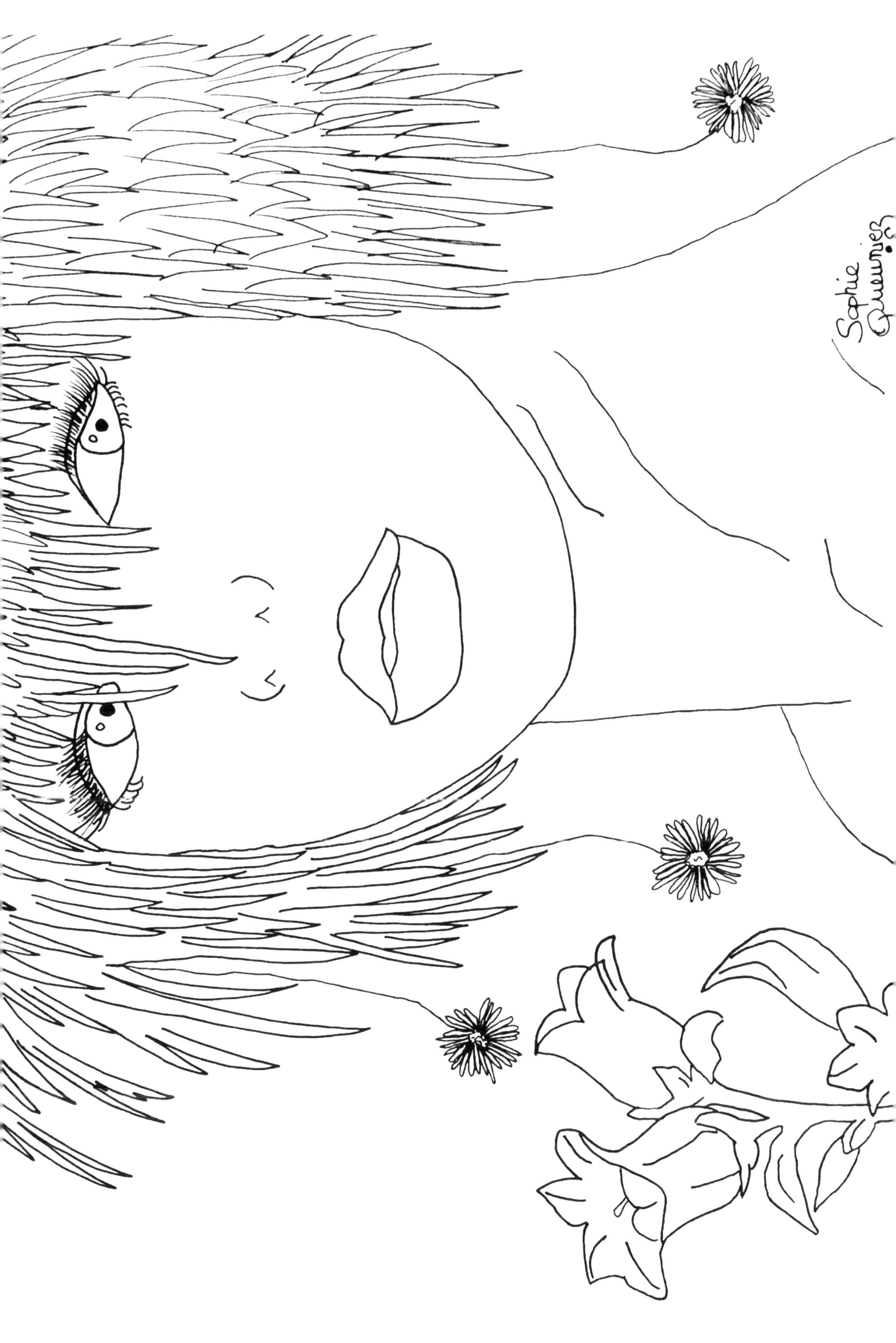

Sophie
Quemmer

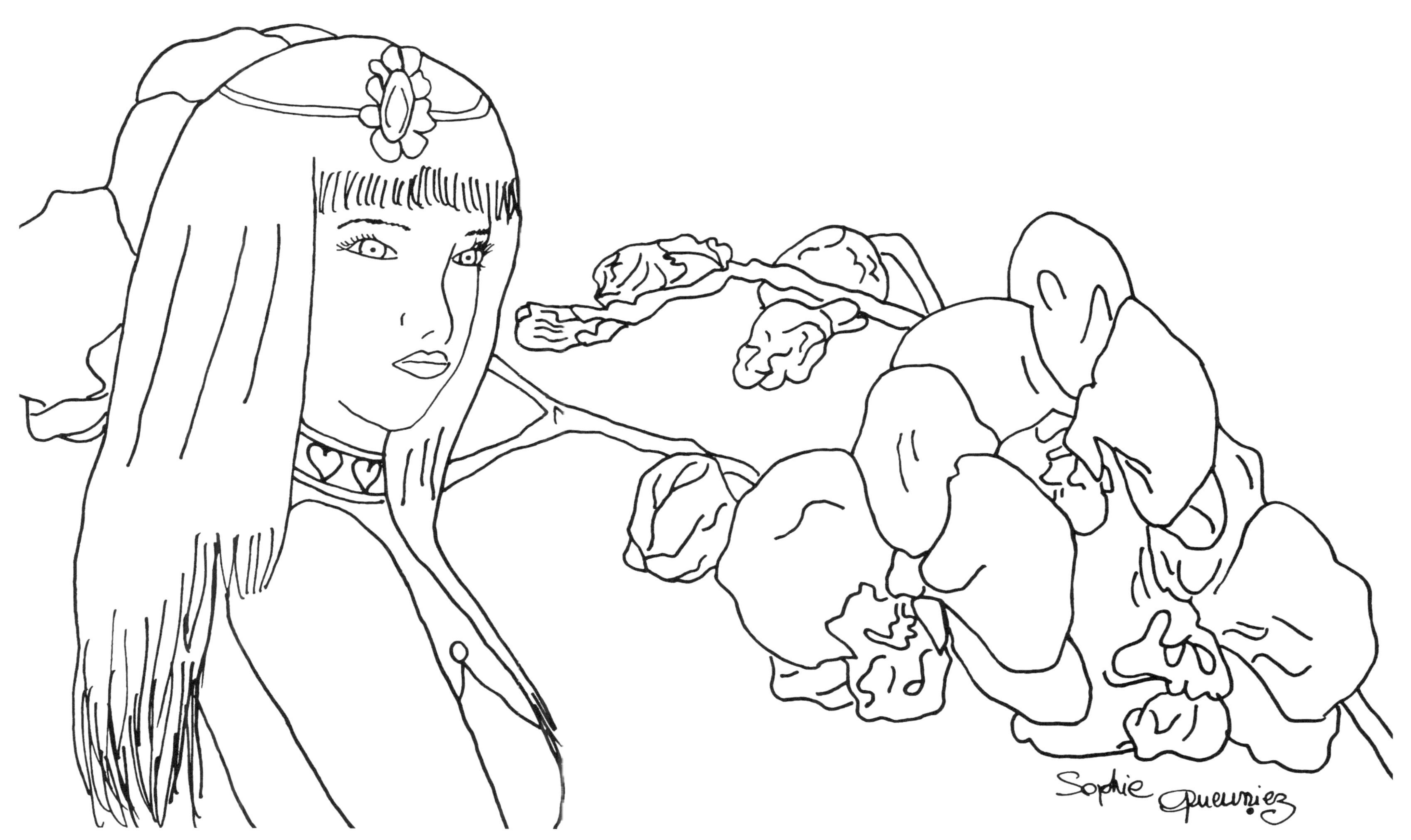

Sophie Queuniez

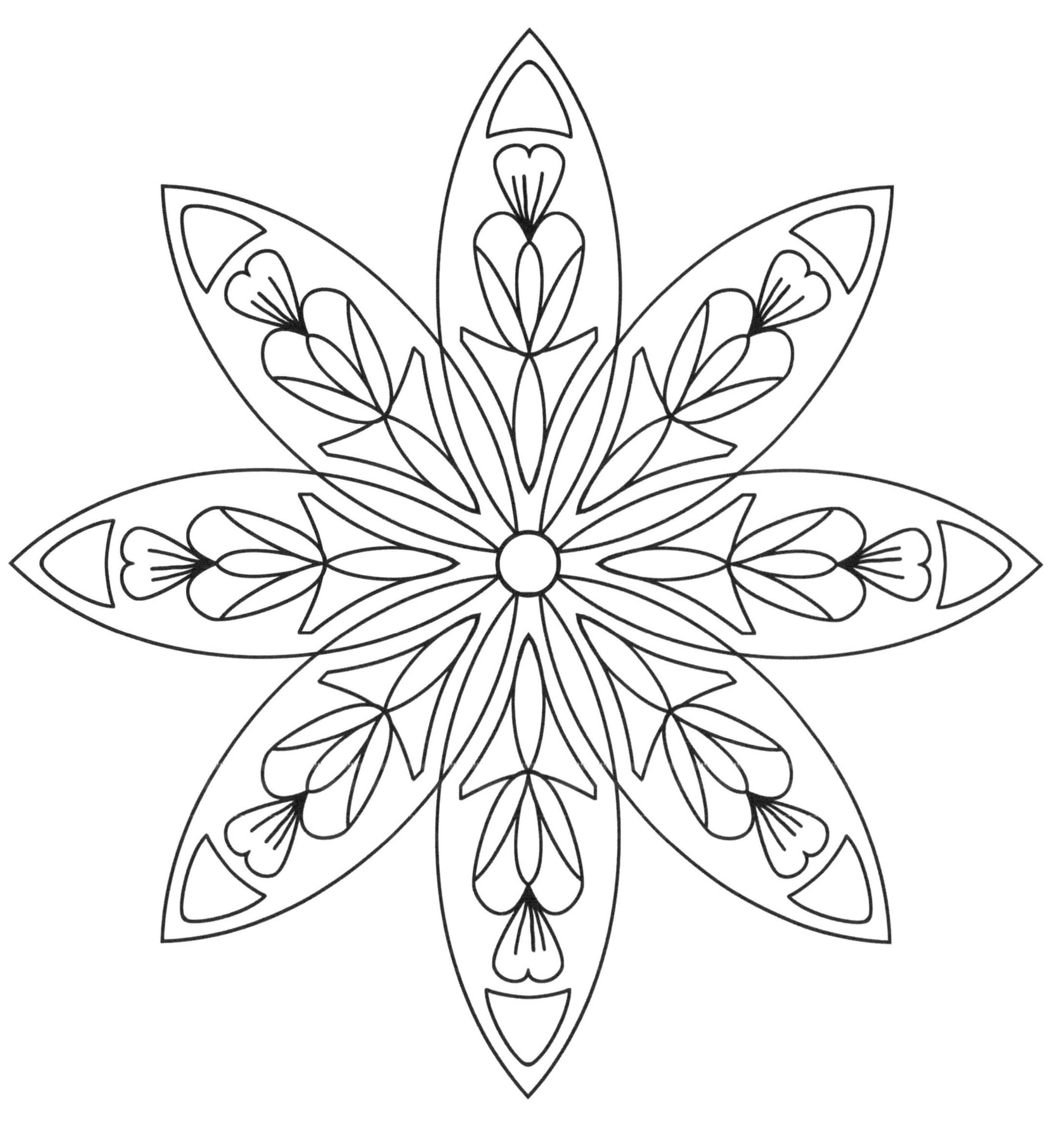
Sophie
Queuniez

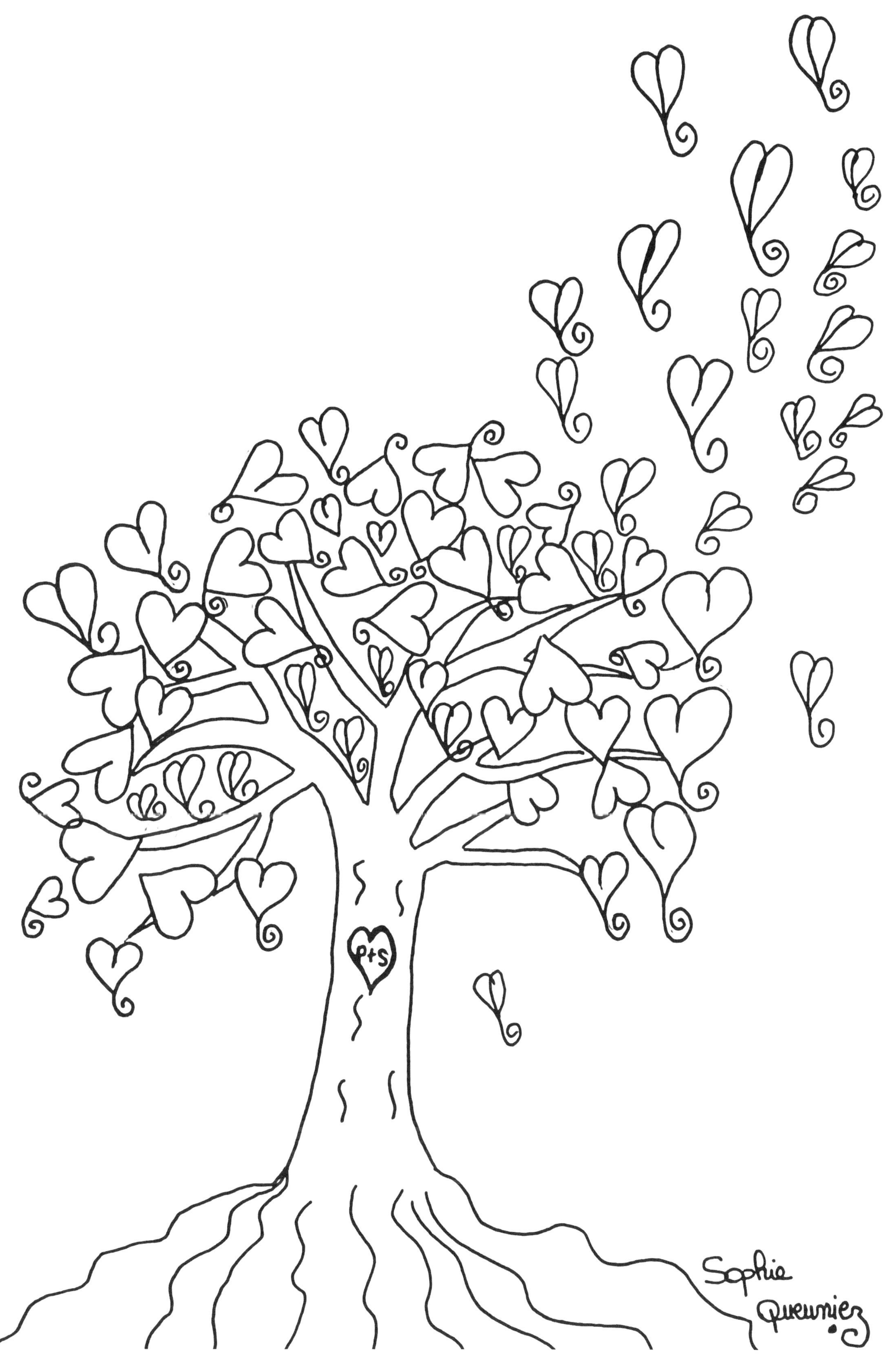

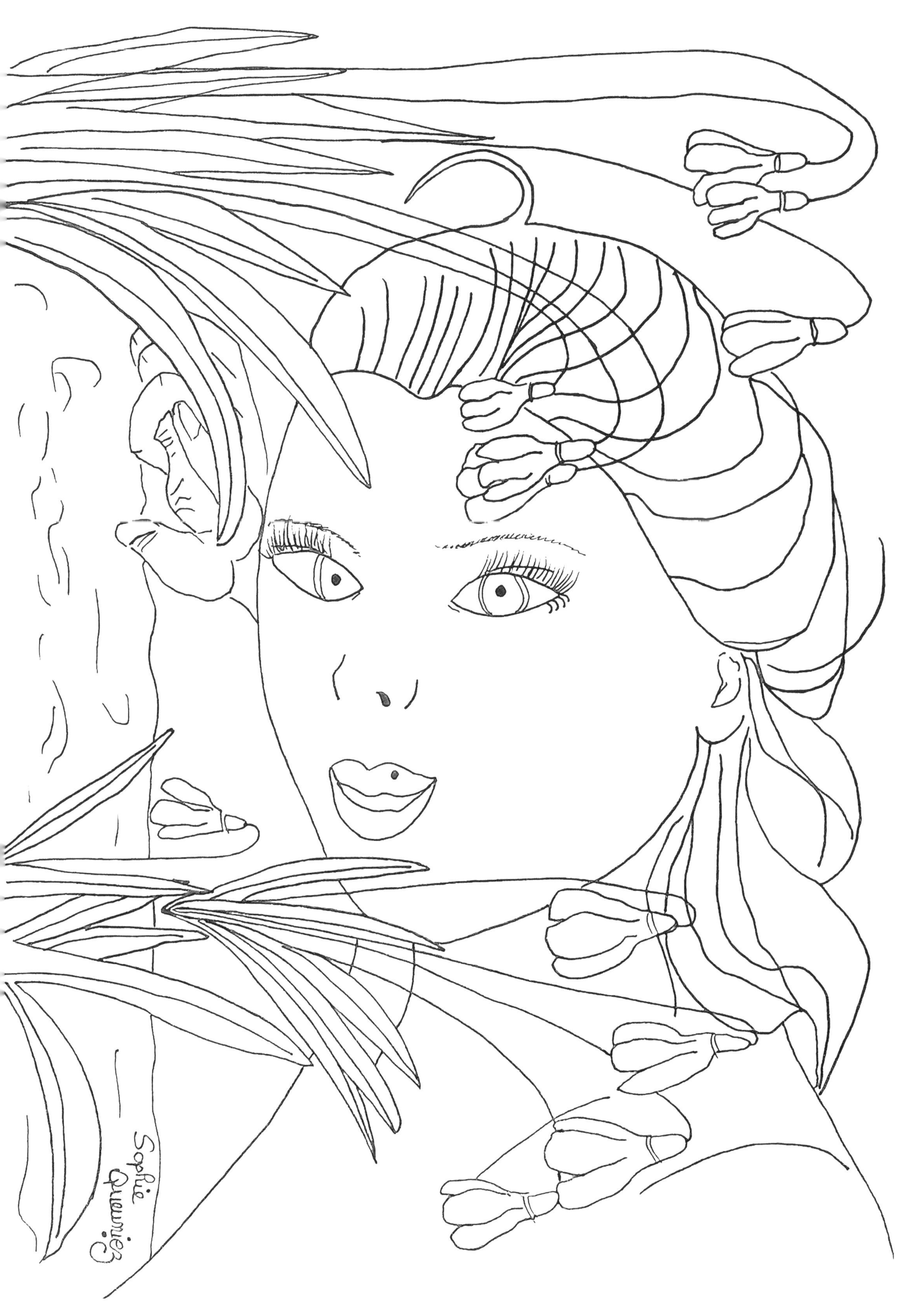

Sophie Quiévriez

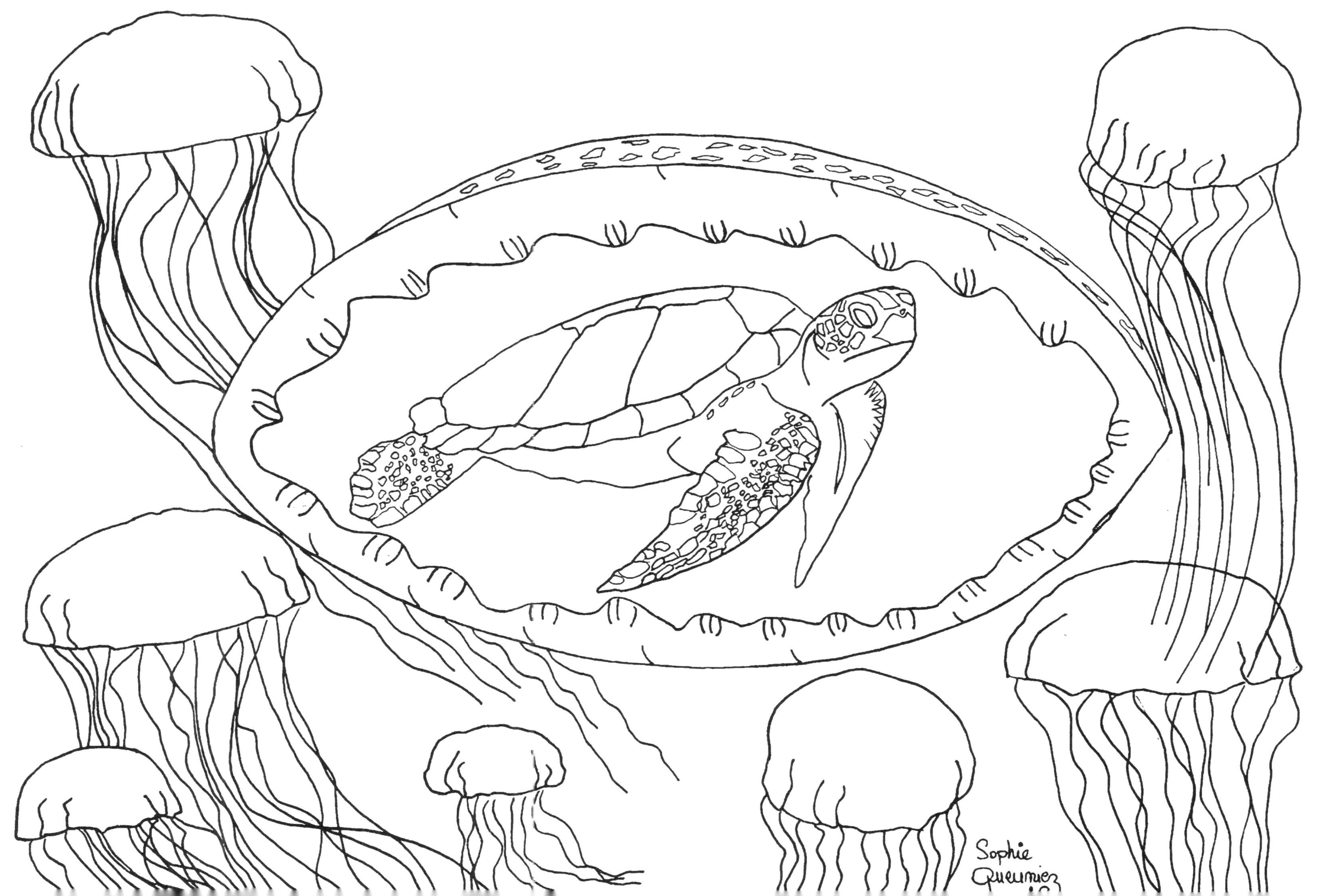

Sophie
Queuniez

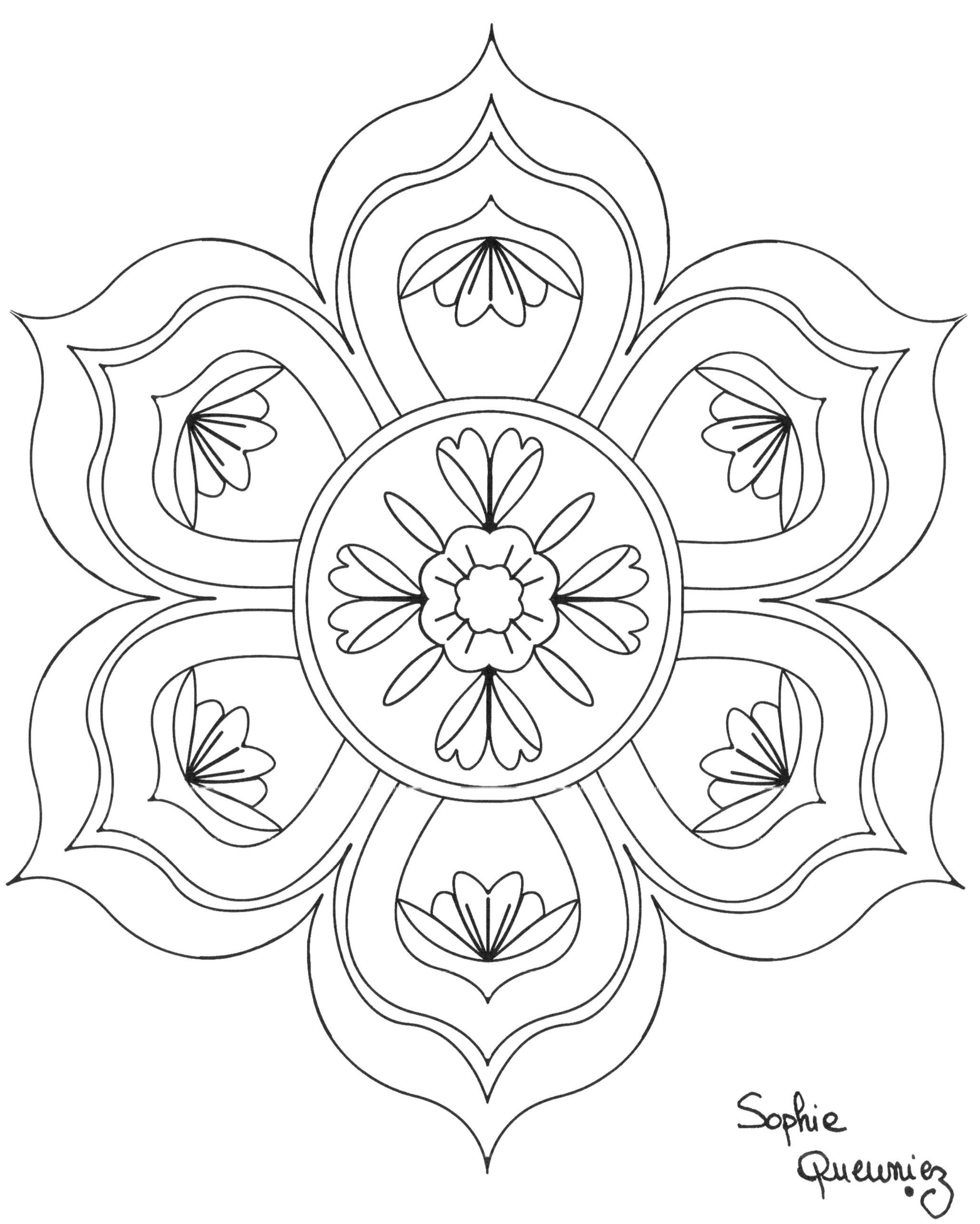

Sophie
Queuniez

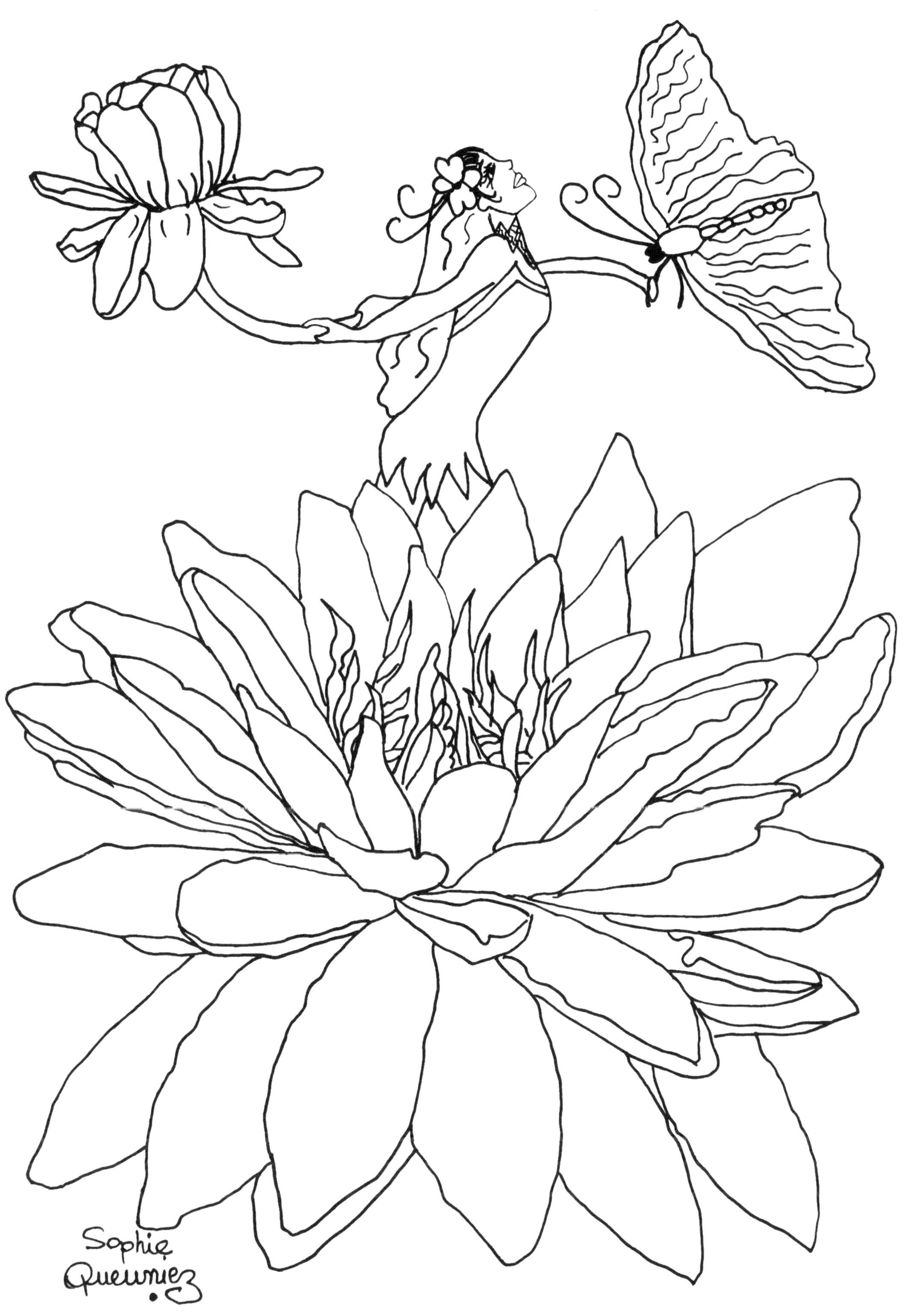

Sophie
Queuniez

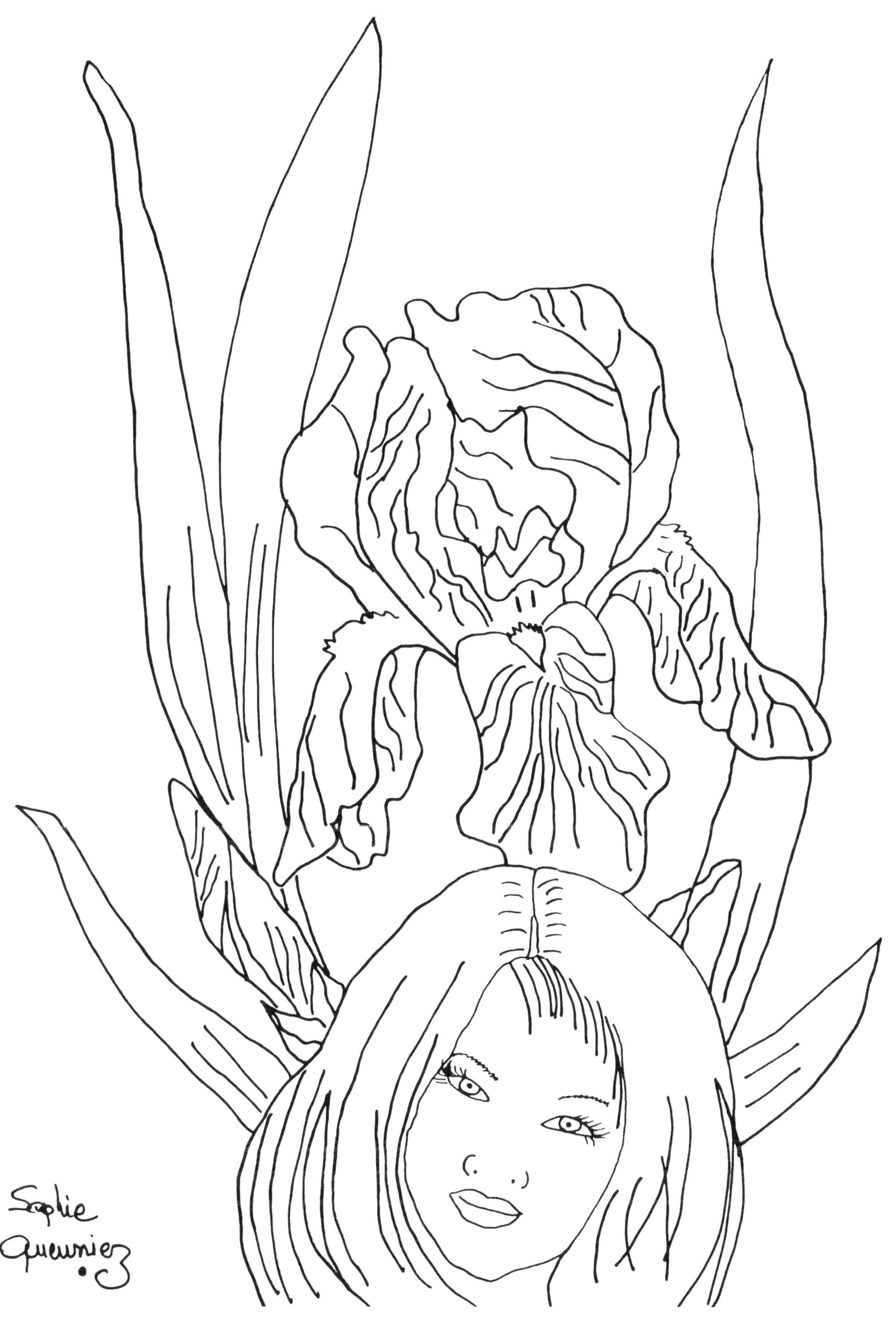

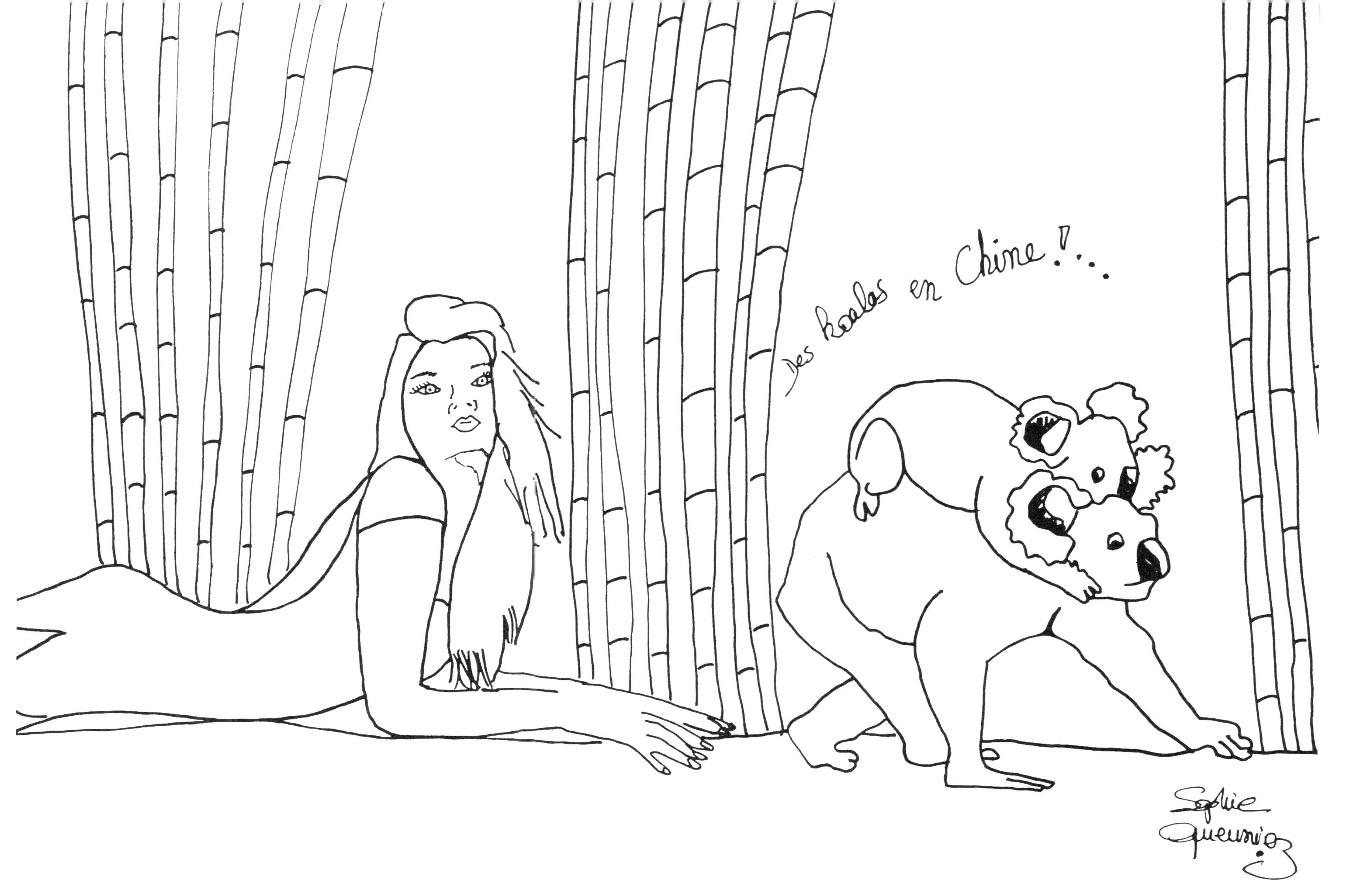

Des koalas en Chine !...

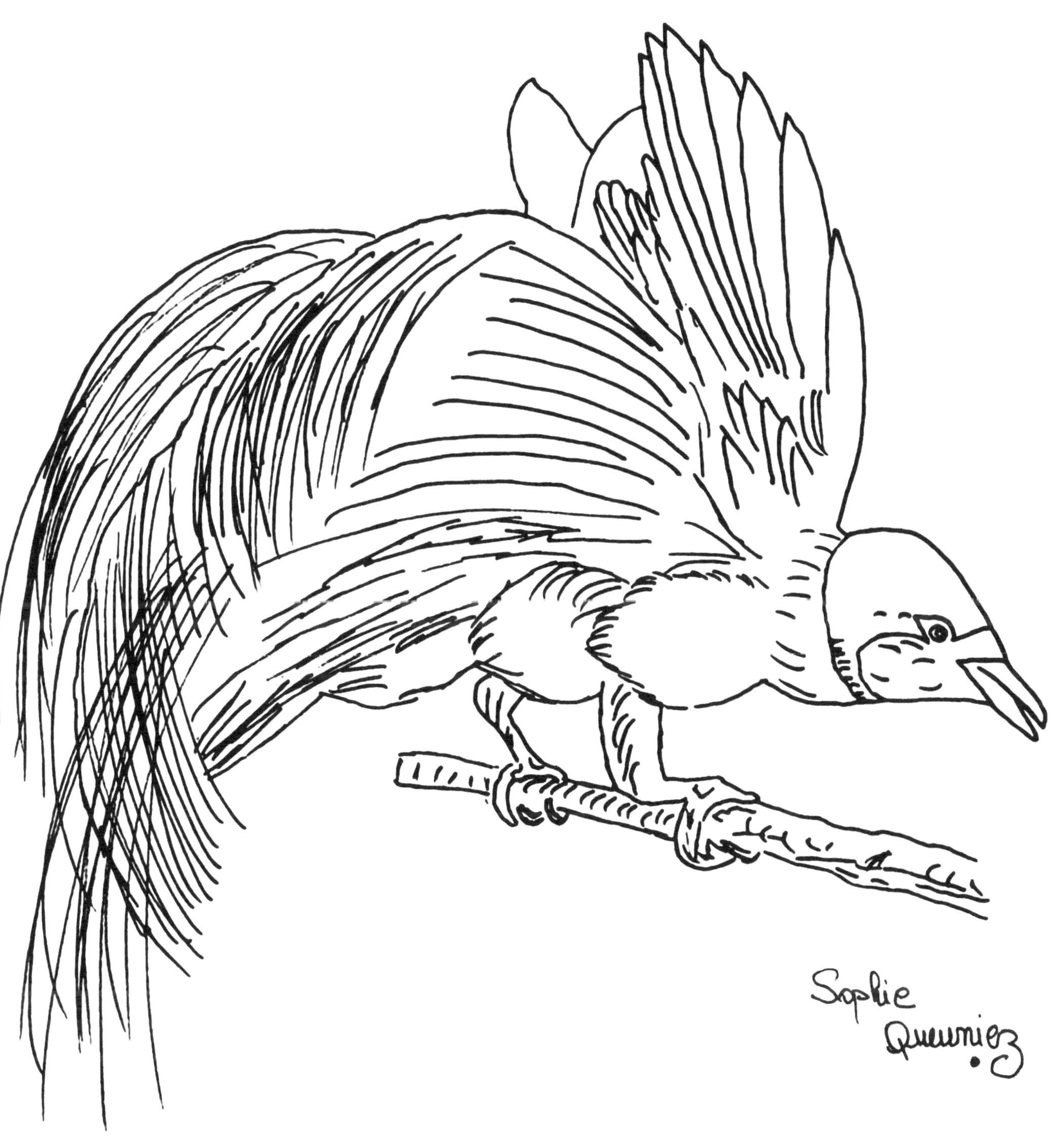

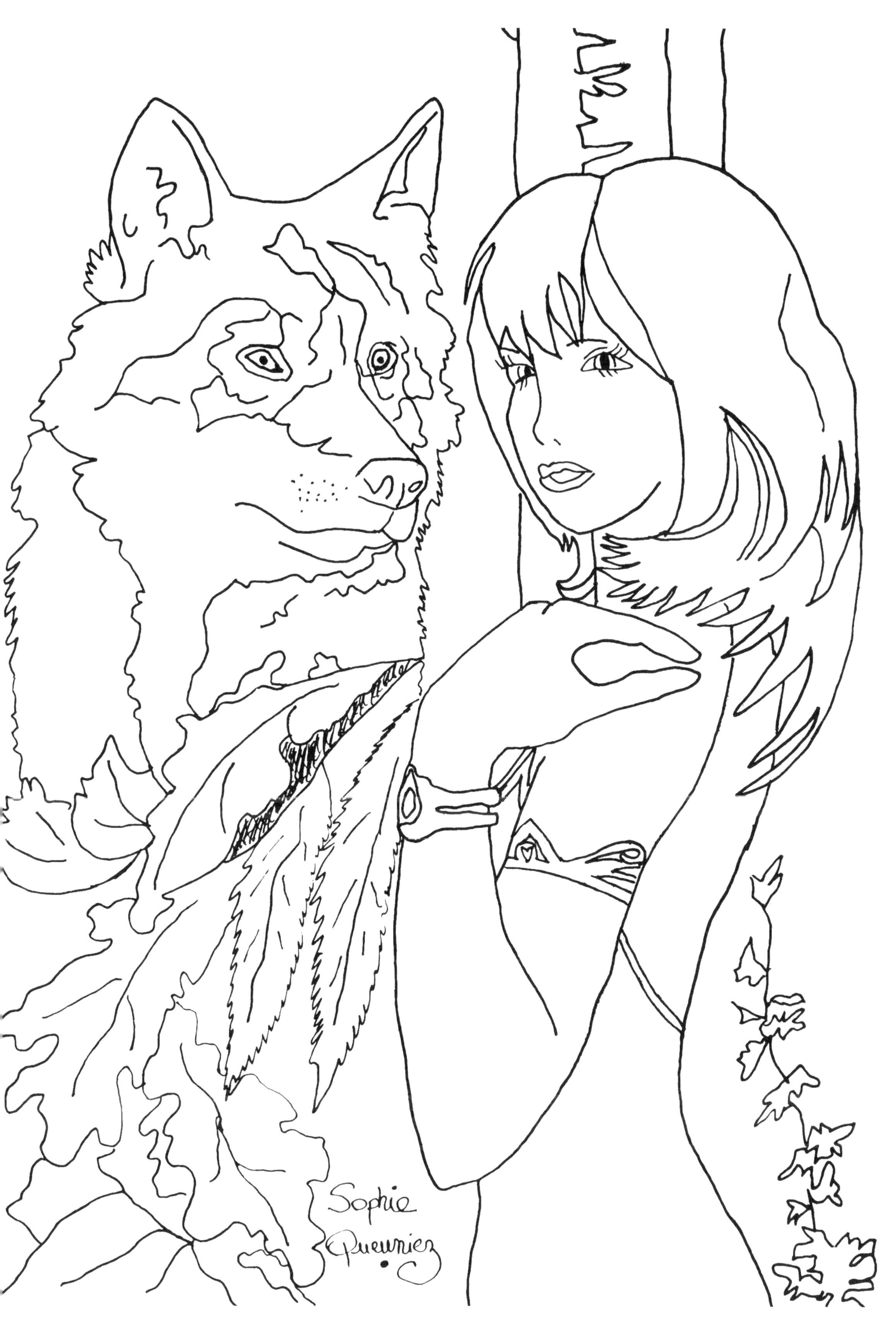
Sophie
Queunier

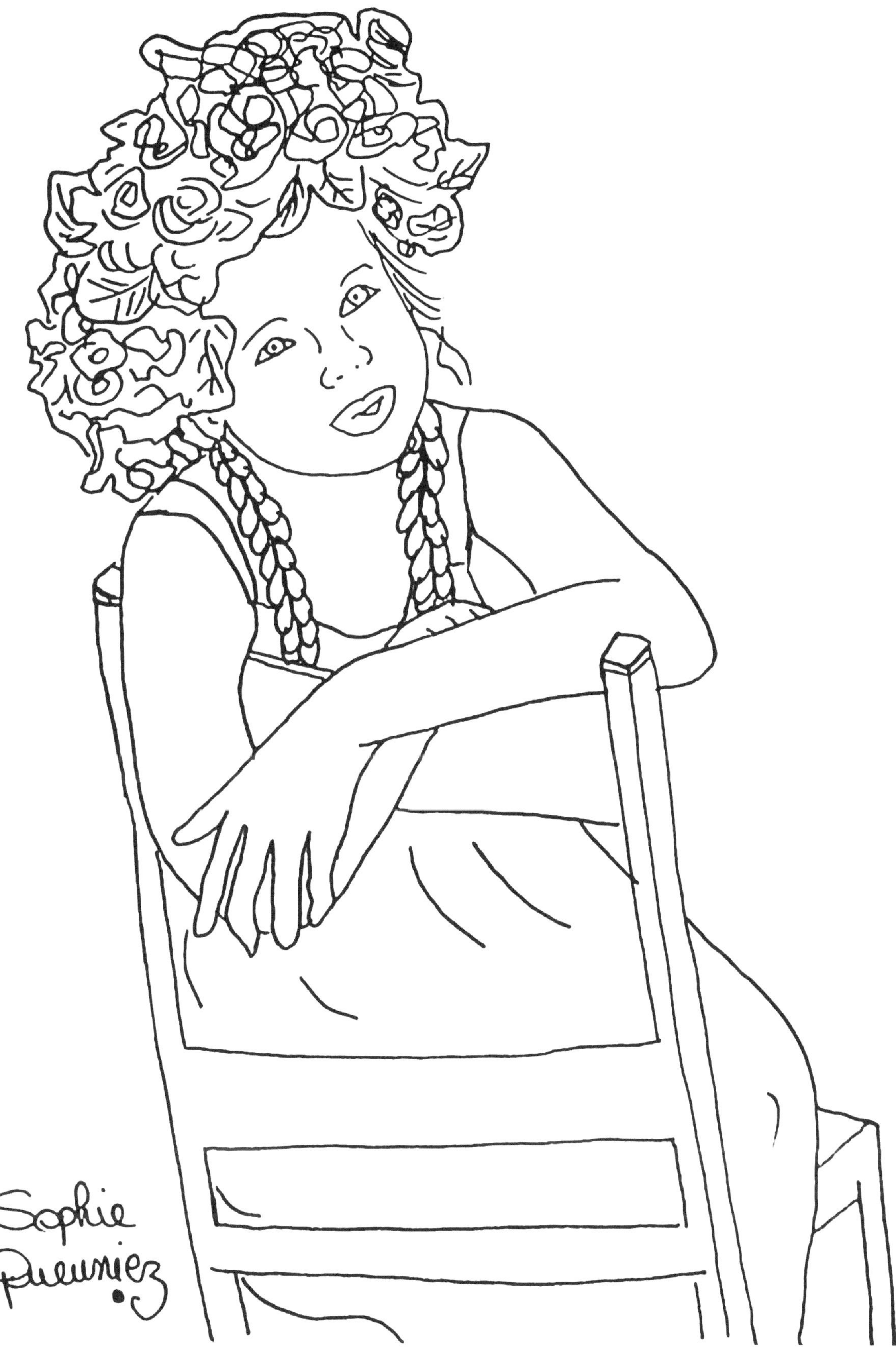
Sophie
Pleunier

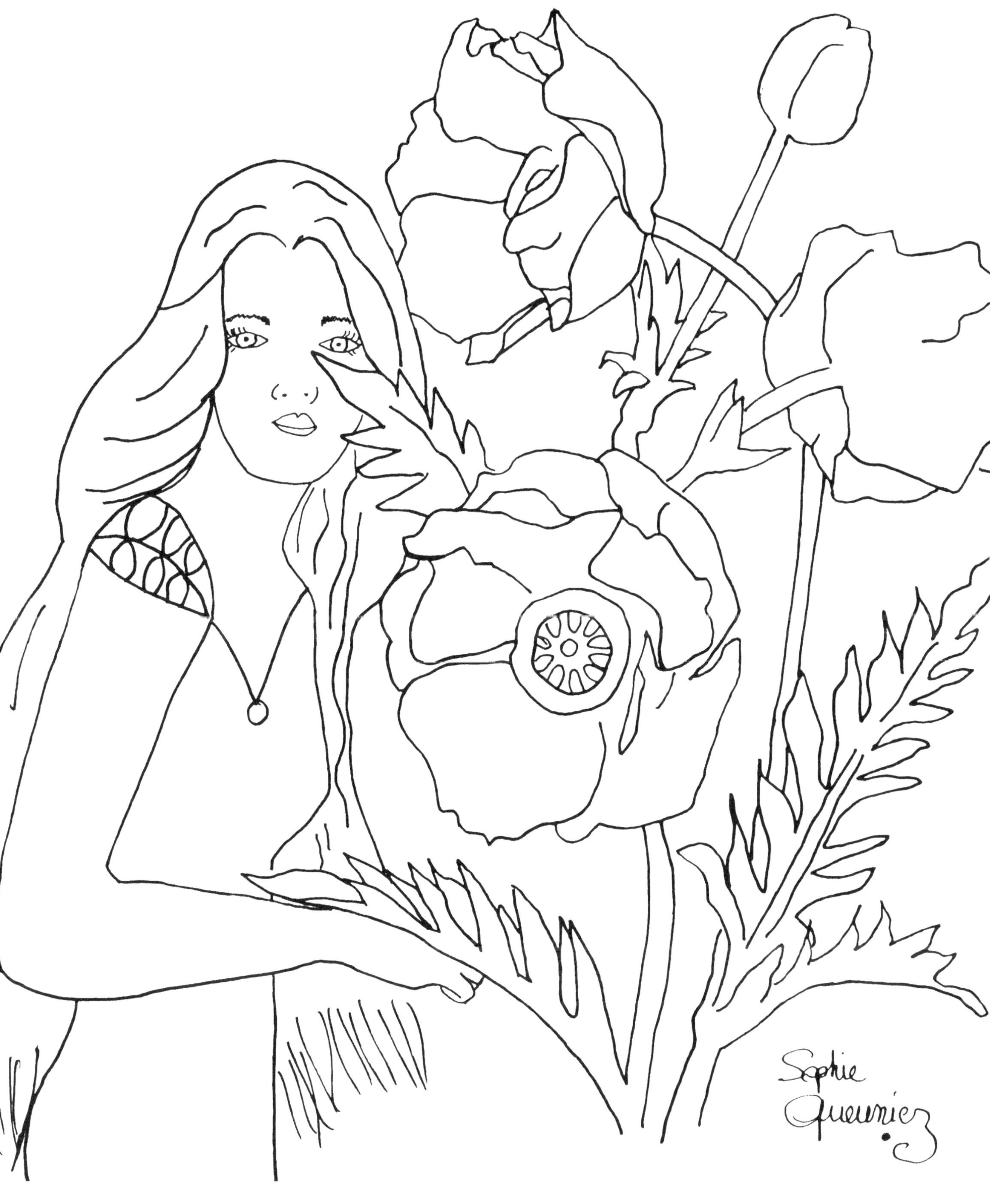

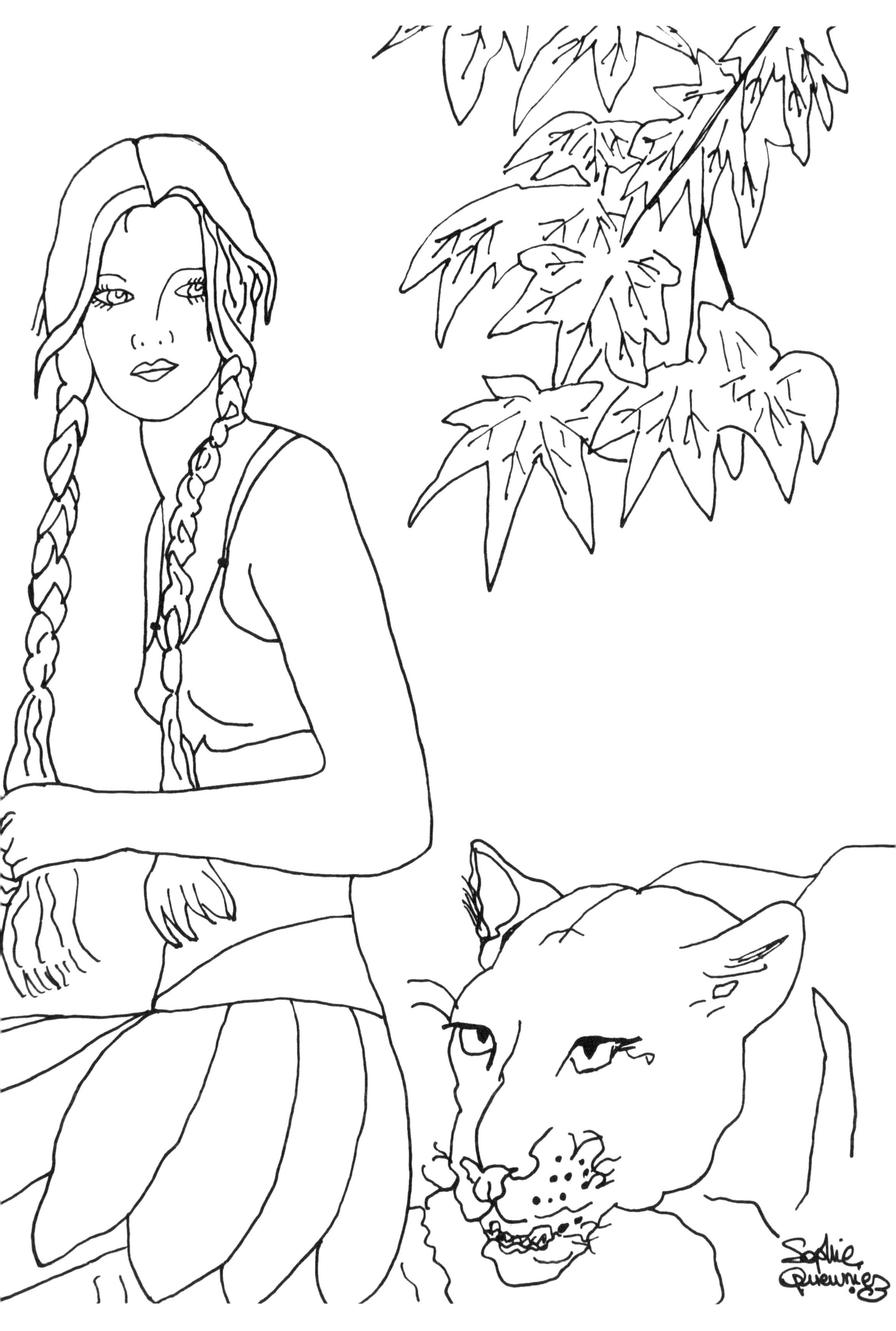

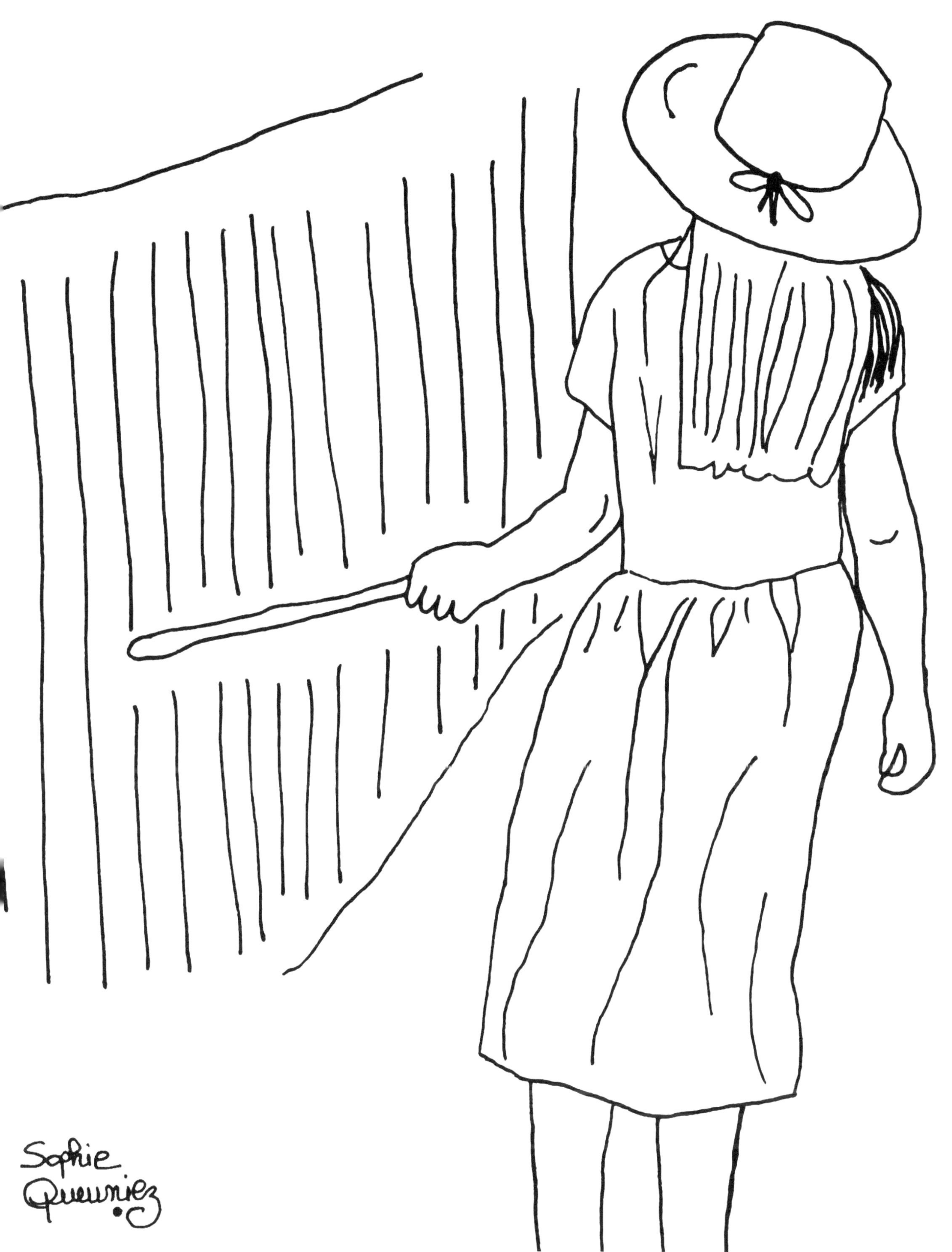
Sophie
Queuniez

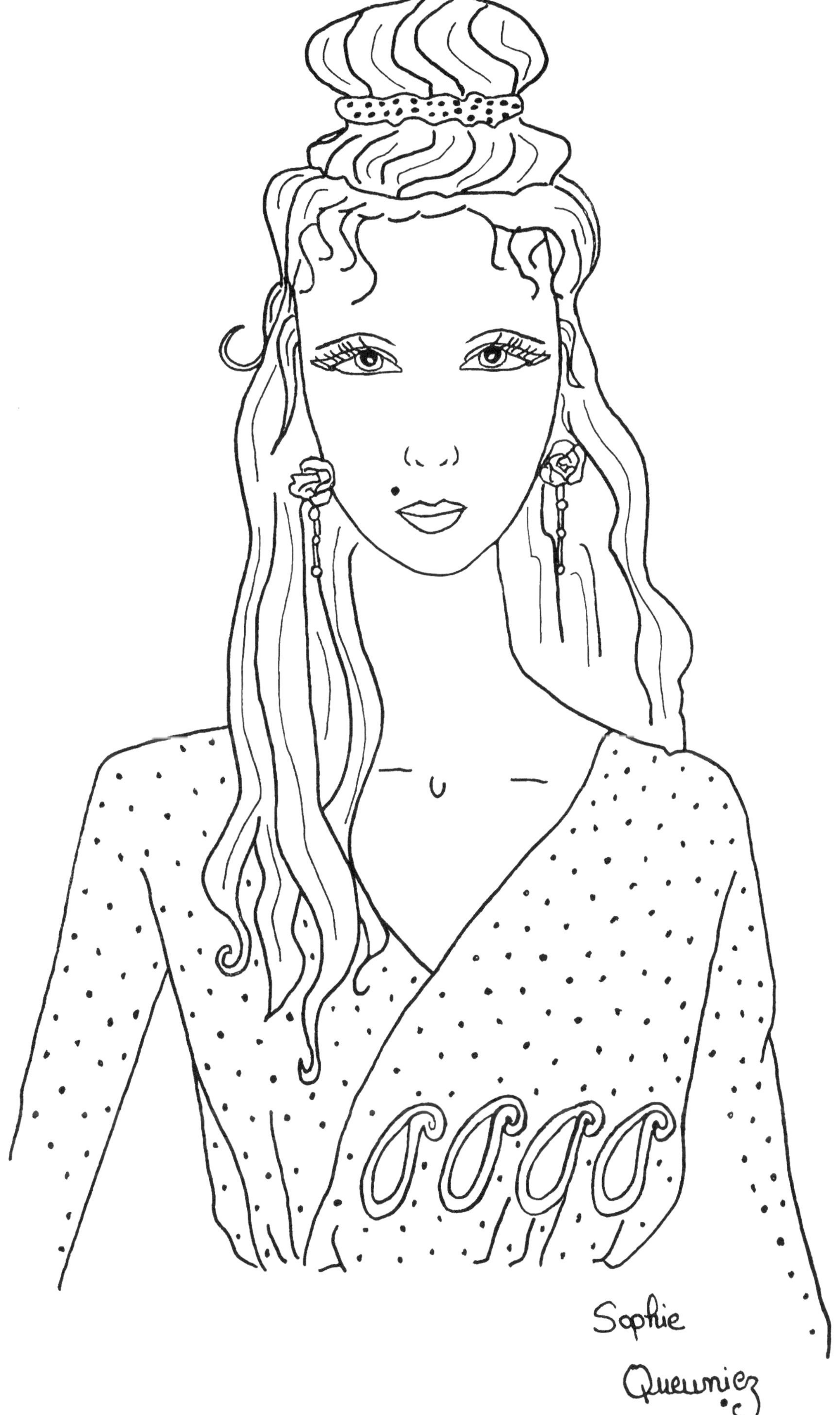

Sophie
Queuniez

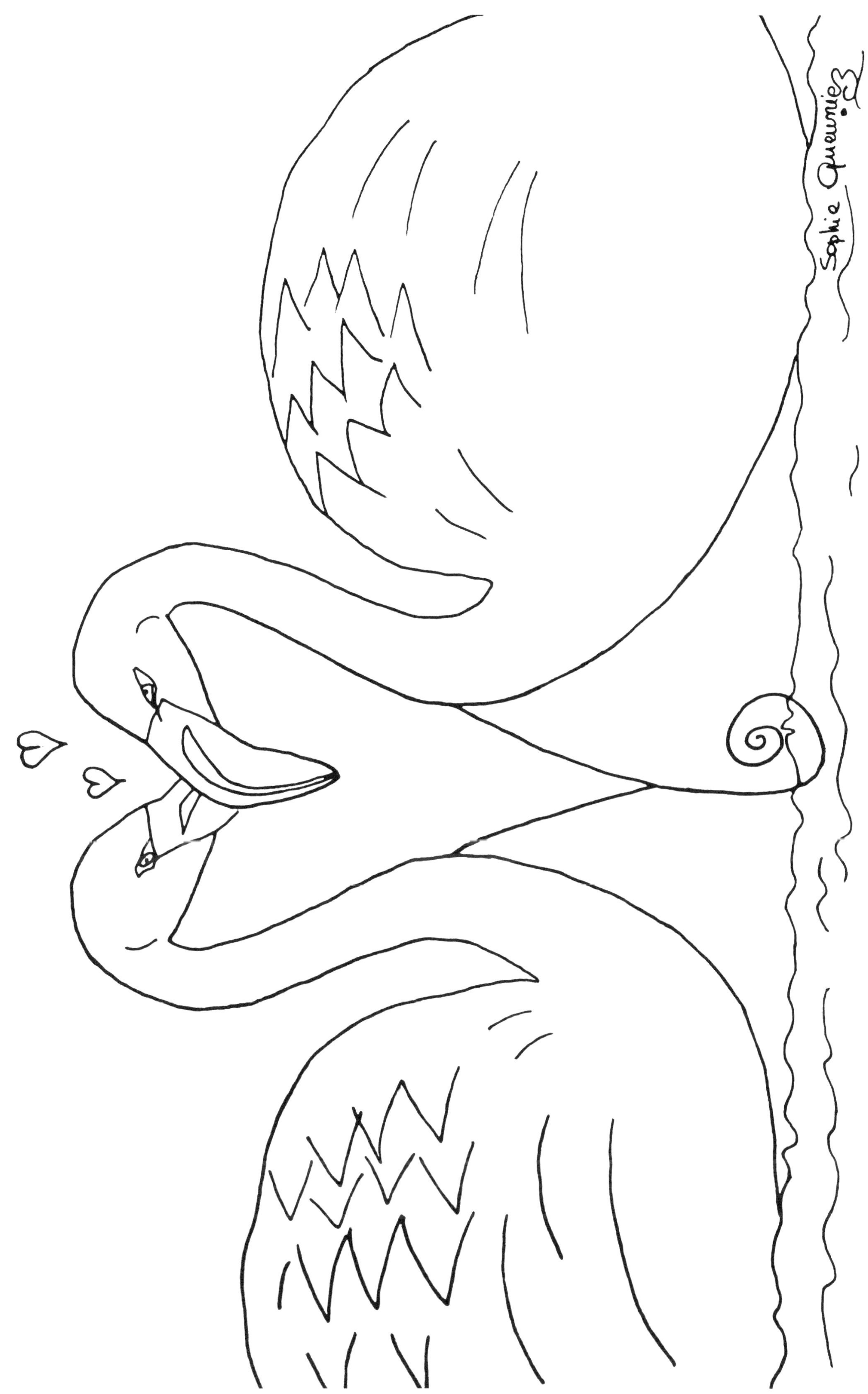

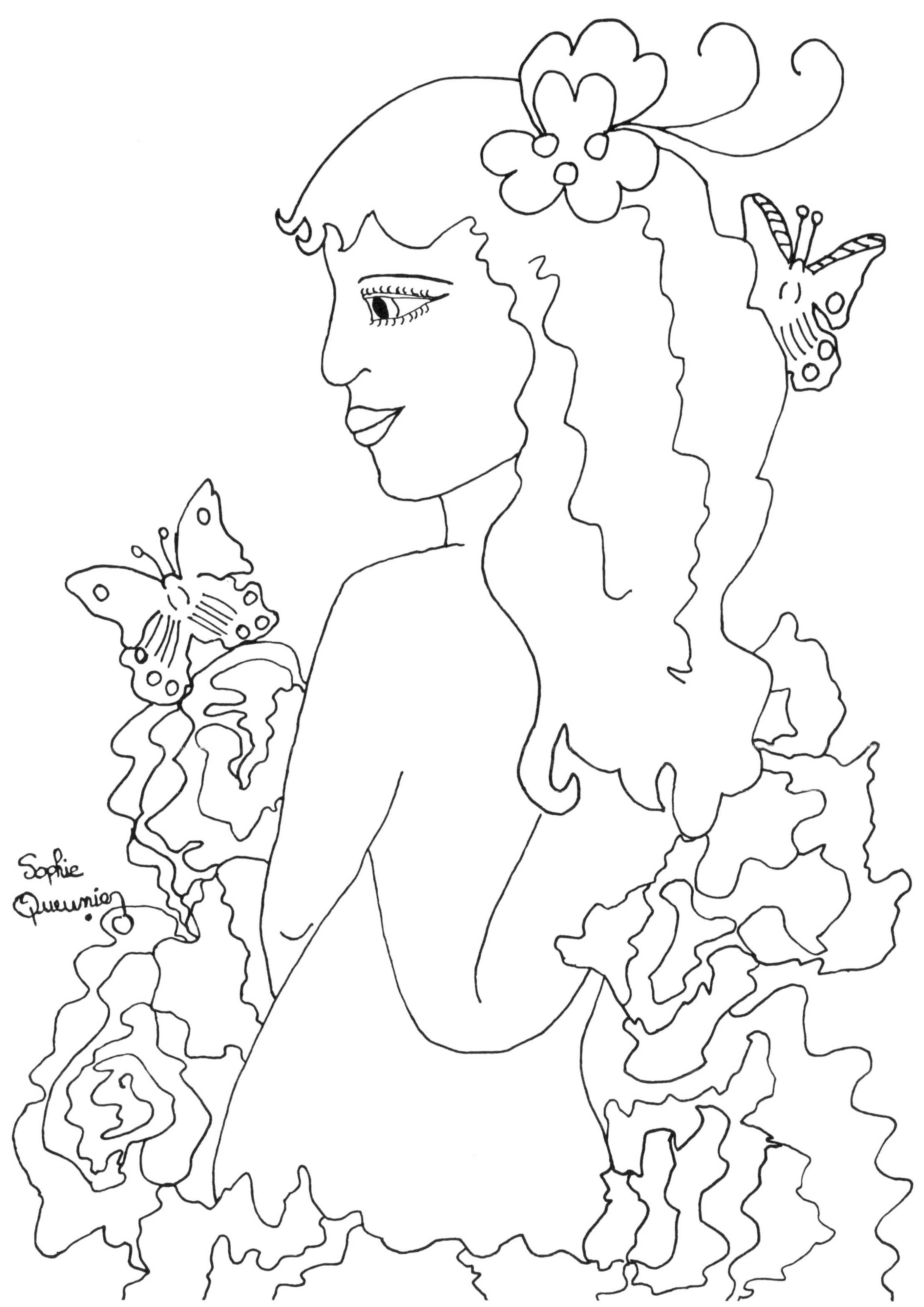

Sophie
Queunier

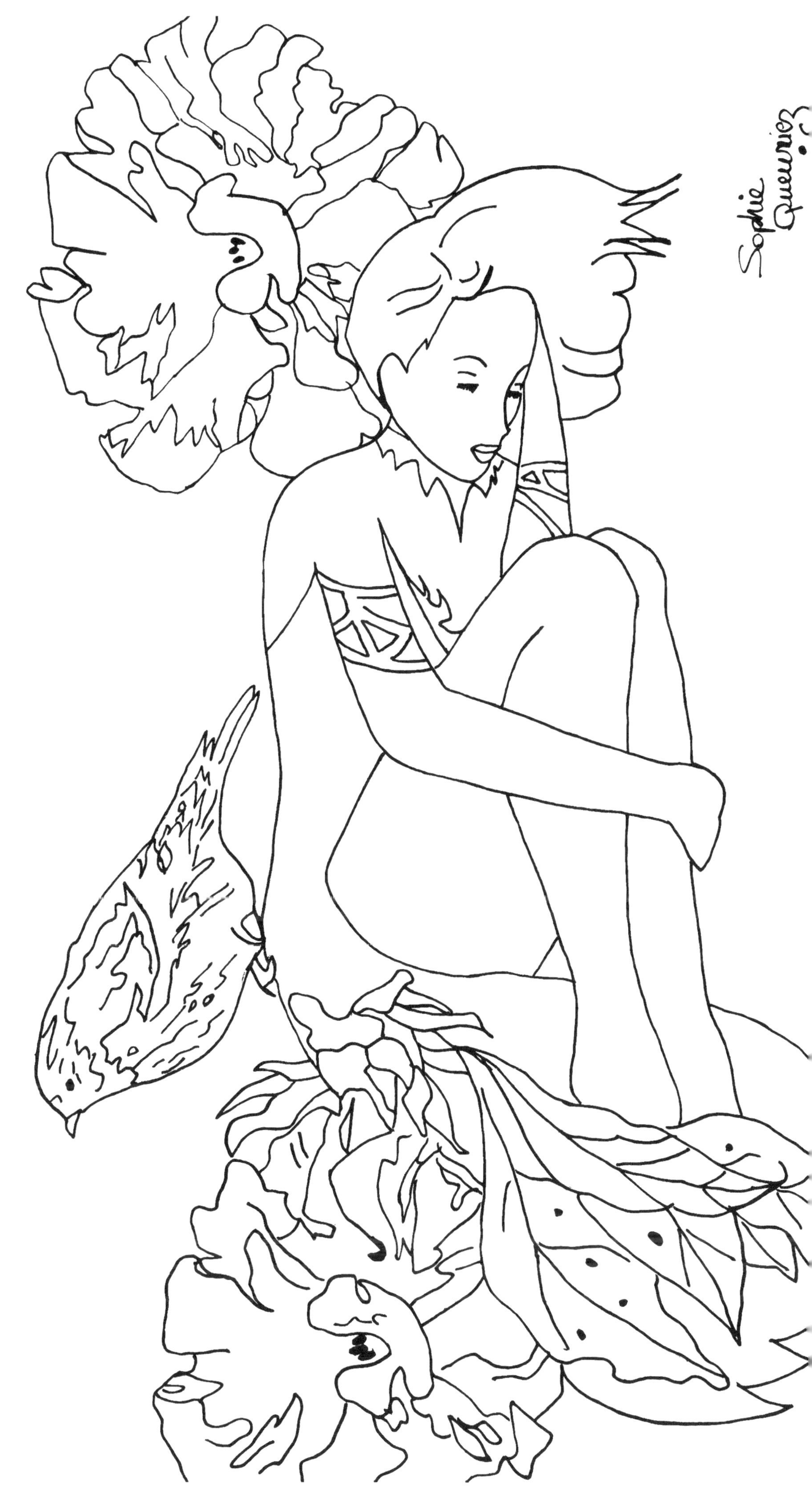

Sophie
Queunier

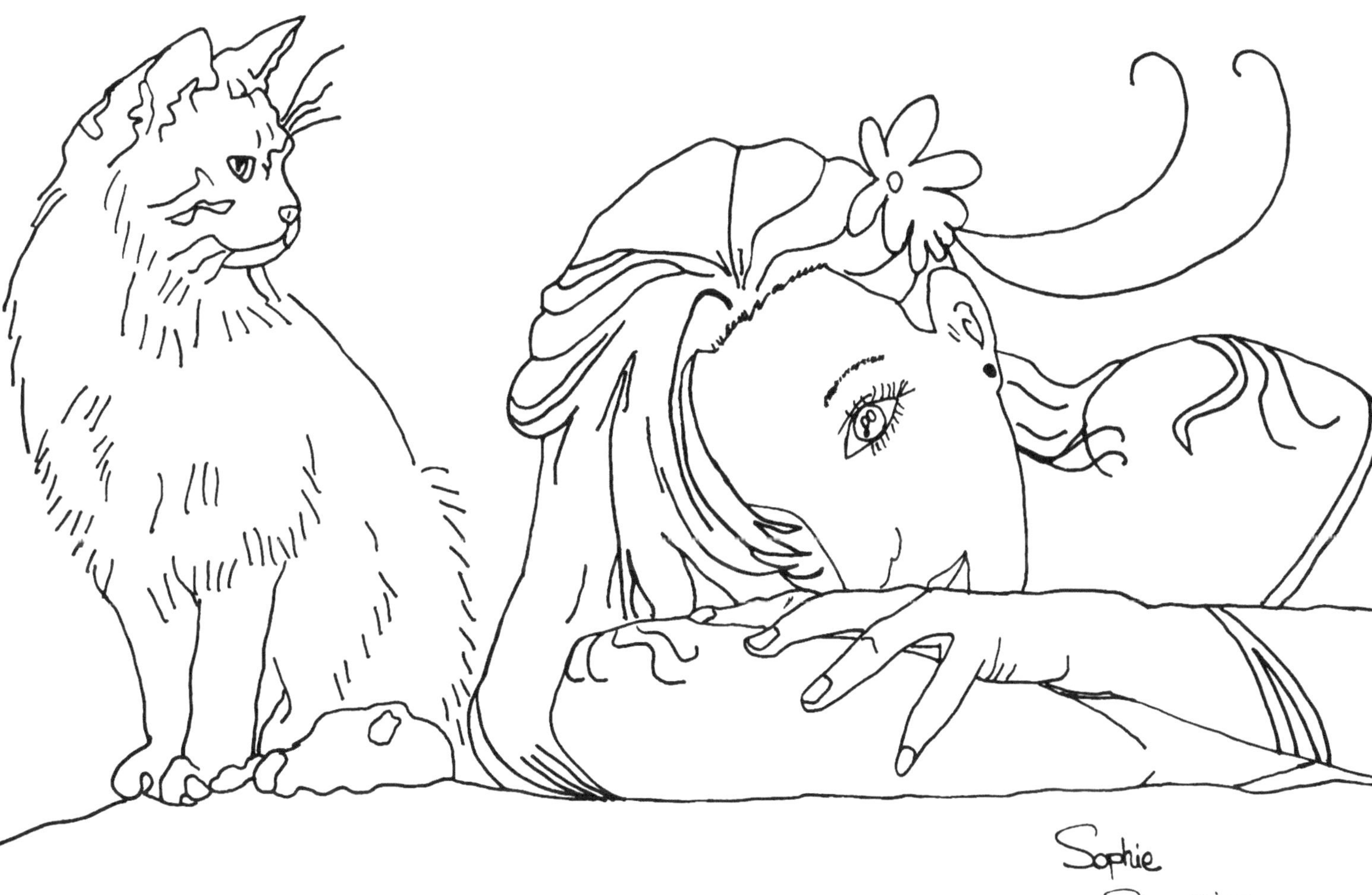
Sophie
Queuniez

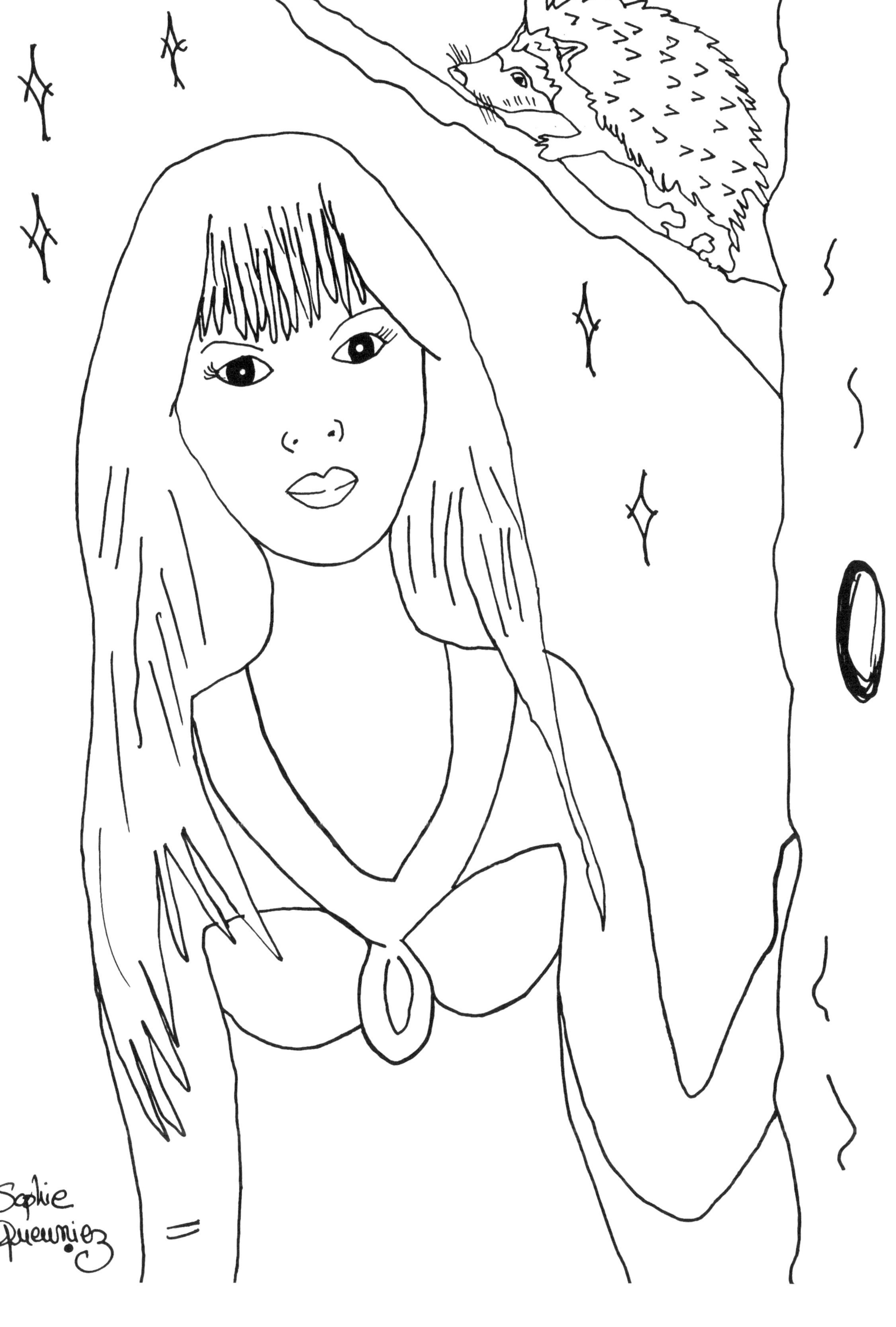

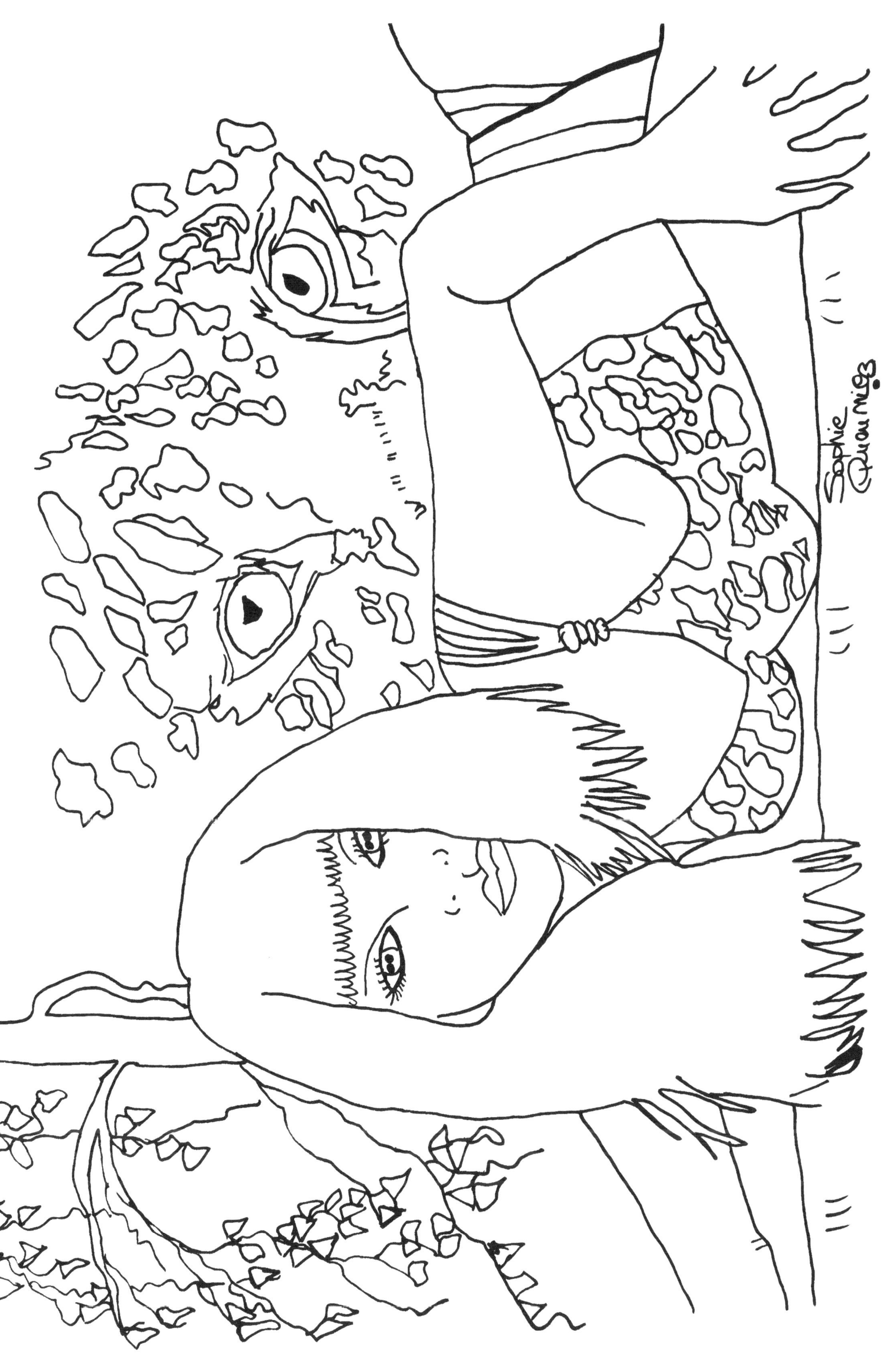

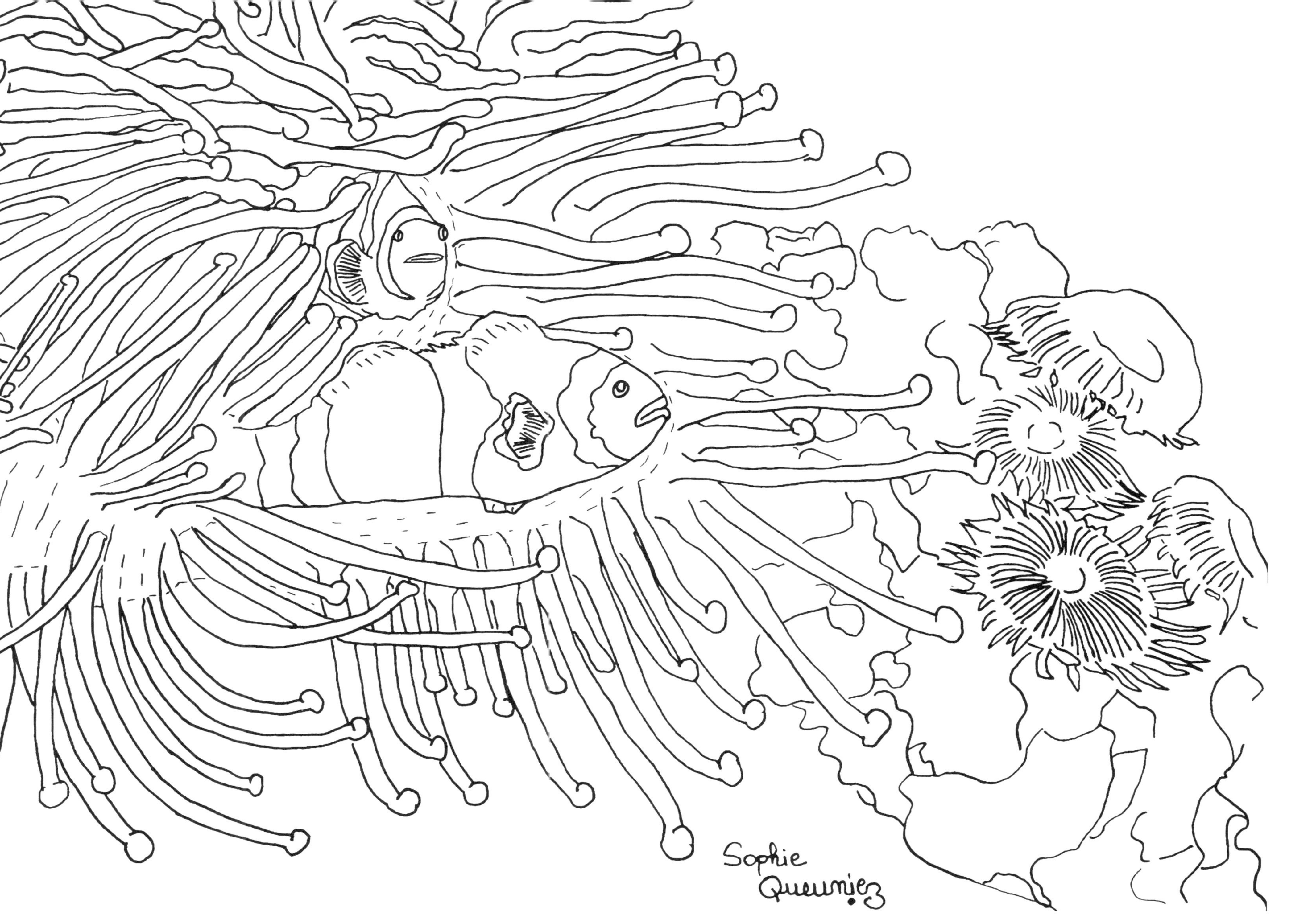
Sophie Queunjez

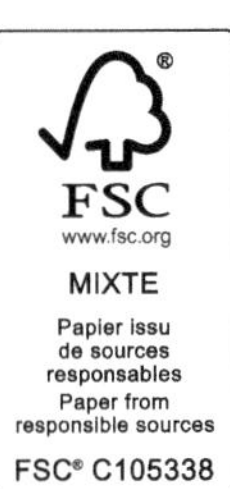